동시로 생각하고
수필로 이해하고
문제로 논술하는
# 로로로 초등 사회

동시로 생각하고
수필로 이해하고
문제로 논술하는

# 로로로
## 초등 사회
### 6학년

추천 김호(경인교육대학교 사회과교육과 교수)
글 윤병무 | 그림 이철형

국수

### 단원 개요

사회 교과서의 단원별 열쇠 말을 의문형 문장으로 짧게 써 놓았어요. 독자의 궁금증을 이끌어 내기 위함이에요. 자발적 배움은 궁금함에서 시작되니까요.

### 사회 동시

동시로 사회를 배워요. 이야기가 있는 사회 동시를 읽으면서 단원의 핵심 개념을 느끼고 생각하면서 자연스레 배울 수 있어요. 이야기의 힘이에요. 동시와 어울린 그림 또한 마음에 스미게 해 주어요.

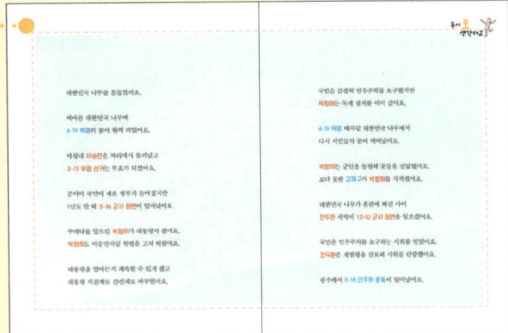

# 이 책의 구성

## 사회 수필

사회 지식을 수필로 풀어냈어요. 논설문이 아니라 저자가 공부하고 생각해서 쓴 사회 수필이에요. 그럼에도 독자는 읽어 내야 이해할 수 있어요. 이 책의 수필은 지식이 쌓이고 마음이 살지는 글이에요.

## 논술 문제

정답을 요구하는 문제가 아니에요. 독자의 자유로운 생각을 이끌어 내는 서술형 문제예요. 자신의 생각을 분명하게 써 보는 게 중요해요. 생각은 글로 나타낼 때 깊어지고 넓어져요.

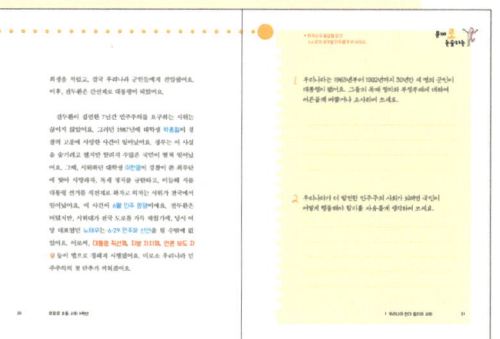

## 추천의 말

김호
경인교육대학교 사회과교육과 교수

'사회' 교과목에 대해 학생들과 학부모들이 착각하곤 한다. '사회'는 '암기 과목'이라고 여기는 것이다. 그래서 '사회'는 지루한 과목이 되곤 한다. 하지만 '사회'는 이해해야 하는 교과목이다. 우리 조상들은 소식을 전하려면 사람을 시켜 편지를 보내야 했다. 멀리 이동하려면 말이나 달구지나 배를 이용해야 했다. 한집에는 삼대가 함께 모여 살았다. 왜 그랬을까? 그 까닭을 알아야 오늘날의 통신 수단, 교통수단, 가족의 형태를 옛날과 비교하여 잘 이해할 수 있다. 이렇듯, 단원별 교과 내용에 따른 갖가지 '까닭'을 잘 이해하면 '사회'를 잘 학습할 수 있다. 그리고 각각의 까닭에는 그럴 만한 조건과 상황이 있다. 그 조건과 상황들을 적절히 상상하여 풀면 '이야기'가 될 터이다.

그래서 나는 '로로로 초등 사회' 시리즈를 주목한다. 이 시리즈는 '초등 사회'의 단원별 핵심 내용을 '이야기'로 풀었다. 이야기가 있는 '동시'와 '수필'로 풀어냈다. '동시'로는 단원별 핵심 내용을 그때그때 바뀌는 화자(話者)를 통하여 가락에 실어 이야기하고, '수필'로는 교과 내용을 마주 앉아 말하듯이 조곤조곤 이야기한다. 동시와 수필은 '문학'이다. 문학은 가장 자유로운 글이다. 그래서 문학은 딱딱하지 않고, 메마르지 않다. 잔바람에도 하늘거리는 꽃잎처럼 생동감 있다. 그렇게, 자유로운 문학으로 '초등 사회'를 흥미롭게 가르치는 이 시리즈는 독자의 눈길을 끈다. 독자를 생각하게 한다. 생각하지 않으면 까닭에 접근할 수 없고, 까닭에 접근할 수 없으면 내용을 이해할 수 없다. 초등 사회 교과 전체를 동시와 수필로 풀어 쓴 이야기에 귀를 열고 생각하게 하는 '로로로 초등 사회' 시리즈는 마침내 독자에게 자발적 배움의 의욕을 일으킬 것이다. 오늘날 초등 교육의 목표가 '학생들 스스로 하도록 만듦'인 만큼 이 시리즈는 우리 초등 교육의 길을 앞서간다. 안목 있는 학부모들과 좋은 교육을 궁리하는 선생님들께 기꺼이 추천한다.

추천의 말 • 8

머리말 마음에 스미는 '초등 사회' • 15

① **우리나라 현대 정치와 사회** • 19
민주주의의 발전과 시민 참여

② **민주주의 사회의 기본 원리** • 33
일상생활과 민주주의

③ **국가 기관의 구성 원리와 역할** • 45
민주 정치의 원리와 국가 기관의 역할

④ **가계와 기업의 경제 활동** • **57**
우리나라 경제 체제의 특징

⑤ **우리나라의 연대별 산업 활동** • **67**
우리나라의 경제 성장

⑥ **국가끼리 사고파는 경제 교류** • **83**
세계 속의 우리나라 경제

⑦ **지도로 알아보는 대륙과 대양과 국가들** • **93**
  지구, 대륙 그리고 국가들

⑧ **여섯 가지 기후와 다양한 생활 양식** • **105**
  세계의 다양한 삶의 모습

⑨ **우리나라와 이웃한 세 나라** • **119**
  우리나라와 가까운 나라들

# 차례

**10** **남북통일을 이루어야 할 까닭** • **131**
한반도의 미래와 통일

**11** **지구촌에서 일어나는 갈등의 원인과 문제** • **141**
지구촌의 평화와 발전

**12** **지구촌의 환경 오염과 인권 문제** • **151**
지속 가능한 지구촌

찾아보기 • 162

머리말
# 마음에 스미는 '초등 사회'

　과학·수학·국어 시리즈에 이어 '로로로 초등 사회'를 내놓습니다. 이로써, '로로로 초등 시리즈'는 20권이 되었습니다. 흔히 '국수사과'라고 일컫는 네 과목 교과서 옆에 이 시리즈를 나란히 두고, 짬짬이 교과서와 함께 읽기를 권합니다. 이 시리즈는 교과서의 단원별 차례를 따른 '대안 교과서'이기 때문입니다. 교과서로는 '지식'을 배우고, 이 시리즈로는 그 '지식'을 느끼고 생각하여 깨치기를 바랍니다. 어떻게 지식을 느낄 수 있을까요? 가락이 있는 음악, 모양이 있는 미술, 이야기가 있는 문학으로는 지식도 느낄 수 있습니다. '앎'은 감각을 통과할 때 더 분명해집니다. 그래서 어린이 독자가 문학과 미술을 통하여 지식을 느낄 수 있게끔 궁리하여 쓰고 그렸습니다. '느낌'은 자연스레 '생각'으로 이어지고, '생각'은 마침내 '이해'에 닿

습니다. 이 시리즈는 지식을 무턱대고 외우게 하기보다 동시와 수필로 느끼게 하고 생각하게 합니다. 생각은 나무처럼 스스로 지식을 자라게 합니다.

'초등 사회' 교과는 문화·경제·정치·지리 분야의 공동생활과 그 환경에 대한 기초적 이해를 교육의 기본 목표로 삼고 있습니다. 따라서, '로로로 초등 사회' 시리즈는 교과의 핵심 지식은 물론이고, 그 지식과 관련한 정직한 인성과 문화인의 가치관이 독자의 마음에 스미도록 집필했습니다. 남들을 생각하지 않는 사회는 각박하고, 남들을 생각하지 않는 사람은 마음이 병들기 때문입니다. 학생이 '우리'를 생각할 수 있을 때 '세시 풍속'에 대한 지식도 잘 깨칠 수 있습니다. 학생이 '사람들의 관계'를 생각할 수 있을 때 여러 형태의 가족에 대해 제대로 이해할 수 있습니다. 학생이 사회의 구성원들을 생각할 수 있을 때 법과 질서에 대하여 분명히 이해할 수 있습니다. 그래서 '사회' 교과는 머리만으로는 이해할 수 없습니다. 남들을 생각하는 정직한 마음이 있어야 '사회'라는 공동생활의 본바탕과 역사와 현실을 알아차릴 수 있습니다. 그리고 그 마음에는 좋은 친구가 있습니다. 그 마음은 좋은 친구에게 영향을 받습니다. 그 친구는 좋은 음악이고 미술이고 문학이기도 합니다. '로로로 초등 사회' 시리즈는 그중 문학과 미술로 '사회' 교과를 정성껏 쓰고 그렸습니다. 어린이 독자의 좋은 친구가 되길 바랍니다.

'로로로 초등 시리즈'가 완결되기까지 긴 시간 동행하신 이철형·박윤희 화가께 고마운 마음을 전합니다. 책마다 세련되게 디자인하신 기경란·조혁준 님께 감사의 말을 전합니다. 꼼꼼히 읽고 오류를 바로잡아 주신 조경희 편집자님도 고맙습니다. 덕분에 저는 계획한 대로 나아갈 수 있었습니다. 제 집필의 걸음은 제 유년기의 아쉬움이 떠밀어 주었습니다. 저는 제가 소년이었을 때 보고 싶었을 책을 썼습니다. 오늘의 어린이 독자가 가만히 턱을 괴고 읽는 모습을 상상해 봅니다. 그 독자가 어른이 되어도 즐거이 공부하며 생활하길 바랍니다.

2020년 한가을에
저자 윤병무

# 1 우리나라 현대 정치와 사회

'4·19 혁명'은 어떤 사건일까요?
'5·16 군사 정변'은 어떤 사건일까요?
'5·18 민주화 운동'은 어떤 사건일까요?
'6월 민주 항쟁'은 어떤 사건일까요?
우리나라 현대 정치 사회를 알아보아요.

민주주의의 발전과
시민 참여

## 국민이 피운 꽃

대한민국 나무는 열매를 맺지 못했어요.
대한민국 나무는 오랫동안 앙상했어요.

대한민국 나무의 첫 대통령 이승만은
부정부패와 독재 정치를 이어갔어요.

1960년에 치른 3·15 부정 선거로
대한민국 나무는 더욱 시들었어요.

나뭇가지를 흔드는 바람이 불었어요.
바람은 깨어 있는 시민들의 외침이었어요.

그러나 대통령 이승만의 명령에
경찰은 나뭇잎들을 마구 떨어뜨렸어요.

성난 바람과 나뭇잎들이

대한민국 나무를 흔들었어요.

메마른 대한민국 나무에
**4·19 혁명**의 꽃이 활짝 피었어요.

마침내 **이승만**은 자리에서 물러났고
**3·15 부정 선거**는 무효가 되었어요.

곧이어 국민이 세운 정부가 들어섰지만
1년도 안 돼 **5·16 군사 정변**이 일어났어요.

쿠데타를 일으킨 **박정희**가 대통령이 됐어요.
**박정희**도 이승만처럼 헌법을 고쳐 버렸어요.

대통령을 얼마든지 계속할 수 있게 했고
대통령 직선제도 간선제로 바꾸었어요.

국민은 간절히 민주주의를 요구했지만
박정희는 독재 정치를 이어 갔어요.

4·19 혁명 때처럼 대한민국 나무에서
다시 시민들의 꽃이 피어났어요.

박정희는 군인을 동원해 꽃들을 진압했어요.
보다 못한 김재규가 박정희를 저격했어요.

대한민국 나무가 혼란에 빠진 사이
전두환 세력이 12·12 군사 정변을 일으켰어요.

국민은 민주주의를 요구하는 시위를 벌였어요.
전두환은 계엄령을 선포해 시위를 탄압했어요.

광주에서 5·18 민주화 운동이 일어났어요.

전두환은 계엄군을 보내 잔인하게 진압했어요.

광주의 나뭇가지에서 만개했던 꽃잎들이
계엄군의 총칼에 붉게 떨어져 내렸어요.

전두환은 5·18 민주화 운동을
무참히 짓밟고는 간선제로 대통령이 됐어요.

전두환 독재 정권에 반대하고 저항하는
국민의 민주주의 열망은 계속됐어요.

1987년에 떨쳐나선 6월 민주 항쟁은
대한민국 나뭇가지마다 매화처럼 만발했어요.

궁지에 몰린 여당 대표 노태우는
끝내 국민의 외침을 받아들였어요.

마지못해 노태우는 6·29 민주화 선언을 했어요.
그것은 대통령 직선제와 지방 자치제 시행,
언론의 자유 보장, 지역감정 없애기였어요.

6·29 민주화 선언은 헌법을 제대로 고치고
새 법을 만들어 마침내 시행됐어요.

대한민국 정부가 수립된 해에 태어난 아기가
마흔 살이 된 해의 결실이었어요.

이승만 – 박정희 – 전두환 – 노태우 밑줄기가
40년 넘도록 대한민국의 수액을 빨아먹었어요.

대한민국의 나무뿌리는 국민이었어요.
국민이 피운 꽃에서 민주주의 열매가 열렸어요.

    1948년에 대한민국 정부가 들어섰지만, 그 후 40여 년간 우리나라는 민주주의 국가가 아니었어요. 첫 대통령이었던 이승만은 계엄령을 선포하여 제주도민을 학살했을뿐더러, 헌법도 고쳐서 오랫동안 독재 정치를 했어요. 이승만 정부는 부정부패도 일삼았어요. 특히 1960년에 치른 정부통령 선거(대통령과 부통령을 함께 선출하는 선거)는 명백한 부정 선거였어요. 이 사건을 3·15 부정 선거라고 해요. 이에 대구를 시작으로 마산에서 큰 시위가 일어났어요. 이승만 정부는 시위를 무력으로 진압했어요. 그런데 시위에 참여했다가 실종된 고등학생 김주열이 마산 앞바다에서 죽은 채로 발견되자, 시위는 전국으로 번졌어요. 당시 시위는 그해 4월 19일에 절정을 이루었어요. 이른바 4·19 혁명이 일어난 것이었어요. 시위하던 수많은 시민과 학생이 다치거나 죽었지만, 시위는 더욱 거세졌어요. 마침내 이승만은 대통령 자리에서 물러나 미국으로 떠났어요. '3·15 부정 선거'는 무효가 되었고, 곧바로 재선거를 치러 윤보선이 대통령으로 선출되었어요.

하지만, 새 정부가 들어선 지 채 1년도 안 되어 군인 박정희가 5·16 군사 정변을 일으켜 나라의 권력을 장악해 버렸어요. 박정희도 이승만처럼 독재 정치를 했어요. 박정희는 대통령을 평생토록 하려고 헌법을 거듭 바꾸었어요. 특히 그가 1972년 10월에 만든 유신 헌법은 대통령 직선제를 대통령 간선제로 바꾼 악법이었어요. 대통령 직선제는 '국민이 직접 투표하여 대통령을 선출하는 선거 제도'이고, 대통령 간선제는 '선거인단이 국민을 대신하여 대통령을 선출하는 선거 제도'예요. 따라서, '대통령 간선제'는 과반의 선거인단만 잘 관리하면 거듭 대통령에 선출될 수 있는 악법이었어요. 박정희가 '유신 헌법'을

선포하자, 시민과 학생들은 국민의 주권을 찾으려는 시위를 벌였어요. 이윽고 1979년에는 독재 정치를 반대하는 대규모 시위가 들불처럼 번졌어요. 박정희는 탱크를 앞세운 군인들을 시위 진압에 동원했어요. 하지만 그는 그해 10월 26일에 참다못한 중앙정보부장 김재규가 쏜 총탄에 저격당했어요.

그러자 대한민국은 혼란에 빠졌어요. 그런데 두 달도 되지 않아 전두환 세력이 12·12 군사 정변을 일으켜 나라의 권력을 쥐었어요. 이에, '대통령 직선제'를 요구하는 시위가 전국에서 벌어졌어요. 하지만, 전두환 세력은 민주주의를 갈망하는 국민을 무력으로 탄압했어요. 이듬해 5월, 역사적인 사건이 일어났어요. 5·18 민주화 운동이 그것이에요. 전라도 광주에서 대규모 시위가 일어나자, 전두환은 무장한 계엄군을 광주에 보냈어요. 계엄군은 수많은 시민을 총과 칼로 학살했어요. 시민들은 '시민군'을 만들어 대항했지만, 언론과 길이 막혀 고립된 채, 엄청난

희생을 치렀고, 결국 우리나라 군인들에게 진압됐어요. 이후, 전두환은 간선제로 대통령이 되었어요.

전두환이 집권한 7년간 민주주의를 요구하는 시위는 끊이지 않았어요. 그러던 1987년에 대학생 **박종철**이 경찰의 고문에 사망한 사건이 일어났어요. 정부는 이 사실을 숨기려고 했지만 알려져 수많은 국민이 떨쳐 일어났어요. 그때, 시위하던 대학생 **이한열**이 경찰이 쏜 최루탄에 맞아 사망하자, 독재 정치를 규탄하고, 이듬해 치를 대통령 선거를 직선제로 하자고 외치는 시위가 전국에서 일어났어요. 이 사건이 **6월 민주 항쟁**이에요. 전두환은 버텼지만, 시위대가 전국 도로를 가득 채웠기에, 당시 여당 대표였던 **노태우**는 **6·29 민주화 선언**을 할 수밖에 없었어요. 이로써, **대통령 직선제**, **지방 자치제**, **언론 보도 자유** 등이 법으로 정해져 시행됐어요. 비로소 우리나라 민주주의의 첫 단추가 끼워졌어요.

• 아래의 두 물음을 읽고
  스스로의 생각을 자유롭게 써 보아요.

1. 우리나라는 1963년부터 1992년까지 30년간 세 명의 군인이 대통령이 됐어요. 그들의 독재 정치와 부정부패에 대하여 어른들께 여쭙거나 조사하여 쓰세요.

2. 우리나라가 더 발전한 민주주의 사회가 되려면 국민이 어떻게 행동해야 할지를 자유롭게 생각하여 쓰세요.

# 2 민주주의 사회의 기본 원리

'민주주의'란 무엇일까요?
민주주의 사회가 보장한 국민의 기본 권리는 무엇일까요?
'법치주의'란 무엇일까요?
'다수결의 원칙'은 어떤 의사 결정 방법일까요?
'민주주의 사회'의 기본 원리를 알아보아요.

일상생활과 민주주의

### 숨바꼭질

따로따로 떨어져 놀던
민주주의 사회 초등학교 친구들이
한데 어울려 숨바꼭질을 했어요.

첫 번째 술래는 **민주주의**였어요.
술래가 숨은 친구들을 찾아다녔어요.

**민주주의**가 **정치**를 찾아냈어요.
**정치**는 사람들 사이에 있었어요.

**정치**는
사람끼리의 갈등이나 대립을 조정하며
많은 사람의 공동 문제를 해결하고 있었어요.

**정치**가 두 번째 술래가 됐어요.
술래가 숨은 친구들을 찾아다녔어요.

술래가 **인간의 존엄**을 찾아냈어요.
**인간의 존엄**은 산부인과 병원에 있었어요.

**인간의 존엄**은
사람이 태어나면서부터 존중받을 권리여서
태어난 아기를 줄곧 따라다녔어요.

**인간의 존엄**이 세 번째 술래가 됐어요.
술래가 숨은 친구들을 찾아다녔어요.

술래가 **갈등 해결**을 찾아냈어요.
**갈등 해결**도 **정치**처럼 사람들 사이에 있었어요.

**갈등 해결**은
관용과 비판적 태도, 양보와 타협하는 자세로
대화하고, 토론하고 있었어요.

**갈등 해결**이 세 번째 술래가 됐어요.
술래가 숨은 친구들을 찾아다녔어요.

술래가 **다수결의 원칙**을 찾아냈어요.
**다수결의 원칙**은 투표함 속에 있었어요.

**다수결의 원칙**은
둘 이상으로 갈라진 의견을 모을 때
다수의 의견을 채택하는 방법이었어요.

**다수결의 원칙**이 마지막 술래가 됐어요.
술래가 숨은 친구들을 찾아다녔어요.

술래가 **민주주의**를 찾아냈어요.
**민주주의**는 국민의 중심에 있었어요.

**민주주의**는
나라의 주인인 국민이 자기 권리를
자유롭고 평등하게 행사하는 정치 제도였어요.

숨바꼭질을 마친 친구들이 다시 모였어요.
그러자 모두가 존중받고 평등하고 자유로운
민주주의 사회가 되었어요.

　우리나라의 주인은 누구일까요? 대통령일까요? 국회의원일까요? 기업인일까요? 근로자일까요? 소상공인일까요? 주부일까요? 학생일까요? 우리나라의 주인은 이 분들을 포함한 우리나라의 모든 국민이에요. 우리나라는 '민주주의'를 헌법의 기본으로 삼은 국가이니까요. 그럼, '민주주의'란 무엇일까요? 민주주의(民主主義)의 한자는 백성 민(民), 주인 주(主), 주인 주(主), 옳을 의(義)예요. 이 한자를 풀면 '국민이 주인이라는 주장'인데, 민주주의가 '국민이 권력을 가지고 그 권력을 스스로 행사하는 제도'이므로 한자와 뜻이 통해요. 그런 민주주의의 기본 정신은 인권·자유권·평등권에 기초해요. 인권은 '모든 사람이 존중받을 권리'예요. 자유권은 '개인의 자유를 국가 권력에 의해 제한받지 않을 권리'예요. 평등권은 '국민이 법으로 평등하므로 모든 면에서 차별받지 않을 권리'예요. 그래서 민주주의 국가는 '나라의 주인인 국민이 자기 권리를 자유롭고 평등하게 행사하는 제도'를 국가 운영의 근본으로 삼고 있어요.

그런데, 민주주의 사회에서는 국민끼리 종종 갈등이나 대립을 일으키곤 해요. 국민마다 견해나 가치관이 다르기도 하니까요. 그래서 국가에서는 사회 질서를 유지하려고 여러 '법률'을 정해 놓았어요. 법률은 '국민이 뽑은 국회 의원들이 정한 강제적인 사회 규범'이어서 국민은 법률에 따라 생활해요. 그것은 '법치주의'를 따르는 것이에요. 법치주의란 '국가는 국민을 대표하는 국회 의원이 만든 법률로써만 국민의 자유나 권리를 제한하거나 국민에게 의무를 명령할 수 있다는 정치 원리'예요. 그래서 법치주의는 민주주의의 기본 원리예요. 그럼, '법률'은 어떤 절차로 정할까요? 법률은 나라의 법을 정하

는 국회에서, 국민을 대표하는 국회 의원이 '입법' 안건을 내놓아 국회 의원 중 과반의 찬성표를 얻으면 정해져요. 한자로 설 입(立), 법 법(法)인 입법(立法)은 말 그대로 '법을 세우는(정하는) 일'이에요. 이 절차도 민주주의의 기본 원리예요. 그리고 그 원리는 '다수결의 원칙'을 따라요. 다수결의 원칙(多數決의 原則)도 한자로 이뤄진 말이에요. 많을 다(多), 셈 수(數), 결단할 결(決), 근원 원(原), 법칙 칙(則)이에요. 그래서 다수결의 원칙은 '어떤 단체에서 의사 결정을 할 때, 다수의 의견을 따르는 방법'이에요.

'다수결의 원칙'은 법률을 정하는 국회에서뿐만 아니라, 민주적 의사 결정을 해야 하는 지역의 주민 회의나 학교·단체·모임 등의 일상생활에서도 종종 사용하는 방법이에요. 회의에 참여한 사람들의 생각과 선택이 한결같지 않기 때문이에요. 하지만, '다수결의 원칙'으로 의사 결정을 하기 전에는 다양한 의견을 모으고 갈등을 해결하기 위하여 충분한 토론을 먼저 해야 해요. 그래야 회의 참여자들이 사안의 문제점과 제안의 방안을 잘 이해할 수 있으며, 서로를 설득하여 합리적인 선택을 도출해 낼 수 있어요. 그러려면, 회의 참여자들에게 세 가지 태도가 필요해요. 첫째는 '관용의 태도'예요. 관용의 태도는 나와 다른 의견을 존중하는 마음가짐이에요. 둘째는 '비판적 태도'예요. 비판적 태도는 사실 여부를 살피고, 의견이 옳은지 그른지를 따져 보는 생각의 활동이에요. 셋째는 '양보와 타협의 태도'예요. 양보와 타협의 태도는 의견이 다른 사람을 배려하여 합의를 끌어내려는 활동의 마음가짐이에요. 이런 태도로 충분한 대화와 토론 과정을 거치지 않은 채, 무작정 '다수결의 원칙'만을 내세워 의사 결정을 한다면 그것은 '민주주의'라고 말할 수 없어요. 민주주의 사회는 사회 구성원의 기본권인 '인권'을 보장하므로, 소수의 의견도 존중하는 사회이니까요.

• 아래의 두 물음을 읽고
  스스로의 생각을 자유롭게 써 보아요.

1. 토론 참여자의 바람직한 세 가지 태도, 즉 '관용의 태도, 비판적 태도, 양보와 타협'의 태도 중에서 어떤 태도가 우선이라고 생각하나요? 그 우선 순서를 정해 쓰세요.

2. '다수결의 원칙'으로 결정한 결과도 훗날 검토하면 잘못된 선택이었던 경우도 있어요. '다수결의 원칙'을 보완할 방법이 있을까요? 자유롭게 생각하여 쓰세요.

# 3
# 국가 기관의 구성 원리와 역할

'국가 기관'이란 무엇일까요?
왜 국가 기관을 '국회·법원·정부'로 독립해
놓았을까요?
'국회·법원·정부'에서 하는 일은 각각 무엇일까요?
민주주의 국가의 '국가 기관'에 대하여
알아보아요.

민주 정치의 원리와
국가 기관의 역할

## 권력의 대화

민주주의 국가 대한민국에서
국가 기관이 만났어요.

국가 기관의 이름은 각각
국회, 정부, 법원이었어요.

그중 둥근 모자를 쓴 국회가
딱 벌어진 어깨를 으스대며 말했어요.

"나는 나라를 다스리는 법을 만들어.
내가 나라의 중요한 일을 결정하거든.
나는 나랏일도 살펴서 국가의 기준이야.
그러니 대한민국의 주인공은 바로 나야."

잘난 체하는 국회의 말에
딸린 가족이 많은 정부가 대꾸했어요.

"나라의 법은 국회가 만들지만
나라 살림은 법에 따라 내가 실행해.
그래서 나는 나라의 어머니야.
나야말로 대한민국의 주인공이지."


뽐내는 국회와 정부의 말에
양손에 저울과 검을 든 법원이 말했어요.


"너희 둘에겐 나라를 다스리는 권력이 있지만
국가 권력이나 개인 문제로 억울한 일이 생기면
나는 판결로써 국민의 자유와 권리를 지켜 줘.
그러니 나야말로 정의로운 주인공이지."


말을 마친 국회와 정부와 법원은
서로의 영역을 침범하지 못하게끔
자기 자리의 둘레에 경계선을 그었어요.

그들을 지켜보던 대한민국 국민이
걱정스레 한목소리로 말했어요.

"당신들은 중요한 나랏일을 하고 있지만
그만큼 당신들이 손에 쥔 권력은
국민이, 국민을 위해 맡긴 책임이에요.
그러므로 대한민국의 주인은 국민이고
당신들은 각자 맡은 일을 하는 근로자예요.
그래서 국민이 땀 흘려 낸 세금으로
당신들에게 급여를 주는 거예요."

주권의 말에 삼권은 고개를 숙였어요.
국회와 정부와 법원은
대한민국 헌법을 다시 펼쳐 보았어요.

제1조 제2항:

대한민국의 주권은 국민에게 있고,
모든 권력은 국민으로부터 나온다.

　'국가 기관'이란 무엇일까요? 국가 기관은 '국가를 운영하기 위하여 설치한 입법 기관, 사법 기관, 행정 기관을 통틀어 이르는 말'이에요. 기관(機關)의 한자는 틀 기(機), 관계할 관(關)이에요. 그래서 기관은 '어떤 목적과 역할을 위하여 설치한 기구나 조직'이에요. 그럼, '입법 기관, 사법 기관, 행정 기관'은 각각 어떤 목적과 역할을 위하여 국가에 설치한 기구일까요? 입법(立法)의 한자는 설 입(立), 법 법(法)이에요. 그래서 입법 기관은 '나라의 법을 만드는 일을 담당하는 국가 기관'인 국회(國會)를 일컫는 말이에요. 사법(司法)의 한자는 맡을 사(司), 법 법(法)이에요. 그래서 사법 기관은 '재판을 맡아 일하는 국가 기관'인 법원(法院)을 일컫는 말이에요. 행정(行

3 국가 기관의 구성 원리와 역할

政)의 한자는 갈 행(行), 정사 정(政)이에요. 그래서 행정 기관은 '국가 또는 지방 자치 단체의 일을 담당하는 국가 기관'인 정부(政府)를 일컫는 말이에요. 이러한 우리나라의 국가 기관은 입법 기관인 국회, 사법 기관인 법원, 행정 기관인 정부이며, 각각 '독립적'으로 운영되고 있어요.

왜 '국회·법원·정부'가 각각 '독립적', 즉 서로의 영향을 받지 않고 따로따로 운영할까요? 그것은 우리나라가 민주주의 국가 체제이기 때문이에요. 즉, 만약에 이 세 기관 중에서 정부가 입법과 사법까지 행사한다면, 예전에 헌법마저 대통령의 마음대로 고쳐서 장기간 집권했던 이승만·박정희 정부처럼 독재할 수 있기 때문이에요. 다시 말하면, 국회에서 독립적으로 나라의 법을 정하고, 그 법에 따라 법원에서 독립적으로 재판하여 서로를 견제함으로써 정부도 법을 지켜 나랏일을 하게끔 제도화한 것이에요. 이 제도를 '삼권 분립'이라고 해요. 한자로 셋 삼(三), 권세 권(權), 나눌 분(分), 설 립[입](立)인 삼권 분

립(三權分立)은 말 그대로, '국가 권력을 입법·사법·행정으로 분리하여 서로 견제하게 함으로써 권력의 쏠림을 막는 국가 조직의 원리'예요.

그럼, 국회·법원·정부에서는 각각 어떤 일을 맡아 할까요? 국회는 국민이 선출한, 국민의 대표인 국회 의원이 나라의 법을 만드는 곳이에요. 국회에서는 법을 고치거나 없애기도 해요. 또한, 국회에서 국회 의원은 나라 운영에 필요한 예산(비용)을 심의(검토하고 판단)하여 확정하는 일도 하며, 정부에서 계획한 예산안을 살펴보고, 사용한 예산이 제대로 쓰였는지도 확인해요. 그리고 정부가 법에 맞게 일을 잘하고 있는지를 확인하는 일, 즉 국정 감사를 시행해요. 법원은 법에 따라 재판을 하는 곳이에요. 법은 모든 사람에게 공정하게 적용되어야 해요. 따라서, 법관은 그 누구의 간섭도 받지 않아야 하며, 헌법과 법률에 따라 공정하게 판결해야 해요. 그래서 법원은 국민이 공정한 재판을 받을 수 있도록 한 사건에 세

번(지방 법원, 고등 법원, 대법원)까지 재판받을 기회를 주어요. 이것을 3심 제도라고 해요. 정부는 국가 기관 중에서 규모가 가장 큰 조직이에요. 정부는 법에 따라 국가 운영을 맡아 하는 곳이어서 일손이 많이 필요하기 때문이에요. 정부 조직에는 국민이 선출한 대통령을 중심으로 국무총리와 여러 '부(部)·처(處)·청(廳)'과 '위원회'가 있어요. 국제적으로 우리나라를 대표하는 대통령은 정부의 최고 책임자로서 나라의 중요한 일을 결정해요. 국무총리는 대통령을 도와서 정부 조직들을 관리해요. 우리나라의 정부 조직은 수십 곳이에요. 그중 교육부는 국민의 교육에 관한 일을 맡아 해요. 국방부는 외침에 대비하고 나라를 지켜요. 국세청은 국민의 세금을 거둬들여요. 소방청은 국민의 생명과 재산을 보호해요. 이렇듯, 국가 기관은 국민에 의해 운영되고, 국민을 위해 일해요.

• 아래의 두 물음을 읽고
  스스로의 생각을 자유롭게 써 보아요.

1. 국가 기관 중 국회의 '국회 의원'과 정부의 '대통령'은 국민이 투표로 선출해요. 하지만, 법원의 '법관'은 그렇지 않아요. 왜 '법관'은 국민 투표로 선출하지 않을까요? 스스로 생각하여 쓰세요.

2. '법'은 민주주의 국가 운영의 기준이에요. 법원의 재판도 '법'을 따르고, 정부의 행정도 '법'을 따라 실행하니까요. 그럼, '법'을 만드는 국회가 '국가 기관' 중에서 우선이라고 말할 수 있을까요? 자유롭게 생각하여 쓰세요.

# 4
# 가계와 기업의 경제 활동

'가계'란 무엇일까요? '기업'이란 무엇일까요?
가계는 어떻게 '소득'을 얻을까요?
기업은 어떻게 '이윤'을 얻을까요?
개인은 어떻게 일자리를 선택할까요?
'가계'와 '기업'의 경제 활동을
알아보아요.

우리나라
경제 체제의 특징

## 가계와 기업

개인과 개인이 만나 가정 살림을 함께했어요.
생활 공동체가 되어 가계를 이루었어요.

가계에게 생활에 쓸 물건이 필요했어요.
기업에게 물건을 만들 일손이 필요했어요.

가계가 기업의 일손이 되었어요.
기업이 가계의 일손으로 물건을 생산했어요.

기업이 가계에게 봉급을 주었어요.
기업이 생산한 물건을 시장에 내놓았어요.

가계가 봉급을 가지고 시장에 갔어요.
시장엔 기업이 생산한 물건이 가득했어요.

가계가 생활에 필요한 물건을 골라 샀어요.

기업이 물건을 판매하여 이윤을 얻었어요.

어떤 가계는 인터넷으로 물건을 주문했어요.
어떤 기업은 배달 서비스로 이윤을 얻었어요.

가계는 만족감 높은 물건을 고르려고 했어요.
기업은 이윤이 많은 물건을 만들려고 했어요.

개인은 능력과 적성에 따라 직업을 선택했어요.
기업은 소비자가 좋아할 물건을 궁리했어요.

개인은 더 좋은 일자리를 얻으려고 노력했어요.
기업은 더 많은 이윤을 얻으려고 노력했어요.

개인은 개인끼리, 기업은 기업끼리
서로 자유롭고 공정하게 경쟁했어요.

가계와 기업의 경제 활동이 나라를 살찌웠어요.

　우리나라에서 사람들은 어떻게 생활할까요? 국민 중 상당수는 가족과 함께 생활해요. 이렇게, '가정 살림을 함께하는 생활 공동체'를 가계라고 해요. 그런데 가계마다 생활에 쓸 물건들이 필요해요. 그것의 기본은 '의식주'예요. 즉, 우선 '옷·음식·집'이 필요해요. 또 여러 생활용품도 필요해요. 가정용품·가전제품·문화용품 등등이 그것이에요. 이런 다양한 물건들은 어디에서 생산할까요? 자연환경에서 얻는 식품을 제외한 수많은 공산품은 기업에서 생산해요. 기업은 어떻게 공산품을 생산할까요? 기업은 제품의 재료인 원료를 사서 기계와 일손을 통해 물건을 생산해요. 즉, 기업은 시설을 갖추고 근로자의 노동력으로 제품을 생산해요. 반면에, 근로자는 노동의 대가로 받은 급여로 시장에서 물건도 사고, 생활에 필요한 서비스도 구매해요. 다시 말하면, 가계는 기업의 생산 활동에 참여하여 얻은 소득으로 기업들이 만든 제품을 구매하거나 서비스를 받아요. 동시에, 기업은 가계에 일자리를 제공하고 사람들의 생활에 필요한 물건을 만들어 판매하거나 서비스를 제공하여 '이윤'을 얻어요(이윤은 '물건이나 서비스를 생산하고 판매하는 동안 들어간 모든 비용을 빼고 남은 이익'이에요). 따라서, 가계와 기업은 서로에게 도움을 주어요.

이렇듯, '생활에 필요한 물건이나 서비스를 생산하고 소비하는 모든 활동'을 경제 활동이라고 해요. 이런 경제 활동은 어디에서 이루어질까요? 그곳은 생산과 소비가 만나는 곳이에요. 바로, 시장이에요. 시장은 전통 시장뿐만 아니라 대형 할인점, 백화점, 슈퍼마켓, 편의점, 각종 전문점, 온라인 쇼핑몰 등등 가짓수가 무척 많아요. 여러 기업에서 생산한 물건이 많고 소비자는 곳곳에 있으니

판매할 방법 또한 많기 때문이에요. 그러므로, 소비자는 수많은 물건 중에서 필요한 물건을 선택해 구매하고, 기업은 수많은 소비자 중에서 일부에게 생산한 물건을 판매해요. 그래서 소비자는 물건이나 서비스를 고를 때 이 모저모 잘 따져서 자기 만족감을 높이는 제품을 합리적으로 선택해야 해요. 반면에, 기업은 소비자의 욕구를 잘 반영한 물건이나 서비스를 생산하여 다양한 시장을 통해 많이 판매해야 해요. 그러기 위해서 기업은 소비자가 어떤 물건이나 서비스를 좋아하는지를 분석하고, 적은 비용으로 많은 수입을 얻는 방법을 계획하여 제품이나 서비스를 생산하고 홍보하고 판매해요.

개인은 일자리를 어떻게 선택할까요? 우리나라는 개인이 소득을 얻기 위해 자신의 능력과 적성에 따라 자유롭게 직업을 선택할 수 있어요. 이 말은 누구나 자기 능력만큼 일자리를 선택할 수 있고, 자기 적성대로 직업을 고를 수 있다는 뜻이에요. 그래서 개인은 더 좋은 일자리를 얻으려고 자신의 능력과 실력을 키우려고 노력하며 다른 사람들과 서로 경쟁해요. 기업도 마찬가지예요. 우리나라에서 기업은 이윤을 얻기 위해 자유롭게 경제 활동을 할 수 있어요. 이 말은 어느 기업이든 값싸고 품질 좋은 제품이나 서비스를 생산할 수 있고, 그 제품이나 서비스를 홍보하고 판매할 수 있다는 뜻이에요. 그래서 기업은 많은 이윤을 얻기 위해 소비자가 좋아할 제품이나 서비스를 개발하고 다른 기업들과 서로 경쟁해요. 이렇게, 우리나라의 경제는 자유와 경쟁이라는 두 바퀴로 굴러가요. 다만, 이 두 바퀴는 공정이라는 궤도 위에서만 달릴 수 있어요. 이 말은 개인은 개인끼리, 기업은 기업끼리 일을 선택하고 경쟁할 때 법률로 정한 사회 규범을 지키지 않으면 정부와 시민 단체가 내버려 두지 않는다는 뜻이에요. 공정하지 않은 '자유'와 '경쟁'은 다른 개인이나 기업의 평등권을 침해하기 때문이에요.

• 아래의 두 물음을 읽고
  스스로의 생각을 자유롭게 써 보아요.

1. 공정하지 않은 활동을 하는 기업을 발견했을 때, 소비자는 어떻게 대처할 수 있을까요? 조사하거나 생각하여 그 대처 방법을 쓰세요.

2. 개인이 직업을 선택할 때 자신의 능력과 적성을 따라요. 직업을 선택할 때 '적성'을 따라야 할 까닭은 무엇일까요? 스스로 생각하여 쓰세요.

# 5
# 우리나라의 연대별 산업 활동

우리나라의 '경제'는 어떤 과정으로 발전했을까요?
우리나라가 발전시킨 '산업'은 무엇일까요?
1950년대, 1960년대, 1970년대, 1980년대, 1990년대,
2000년대 이후의 우리나라 산업 활동을 각각
알아보아요.

우리나라의
경제 성장

## 대한민국 집안의 아이들

6·25 전쟁의 폐허에서 대한민국 집안의
아이들이 10년에 하나씩 태어났어요.

아이들의 이름을 기억하기 좋게
아이가 태어난 해의 연대로 지었어요.

맏이의 이름은 1950년대였어요.
1950년대가 태어나 자랄 때는
대한민국 집안이 무척 가난했어요.

맏이인 1950년대는 대한민국 집안을
일으켜 세우려고 열심히 노력했어요.

1950년대는 마을 부잣집의 도움으로
농사를 지으면서 공장에서 일했어요.

**1950년대**가 공장에서 시작한 일은
**식료품 공업**과 **섬유 공업**이었어요.

대한민국 집안에 둘째 아이가 태어났어요.
아이의 이름은 **1960년대**였어요.

**1960년대**는 계획하여 실천하는 아이였어요.
**1960년대**는 **경제 개발 5개년 계획**을 세우고는
가벼운 공산품인 **경공업** 일을 했어요.

**1960년대**가 만든 **신발**, **옷**, **가발**은
마을의 다른 집에도 수출했어요.

대한민국 집안에 셋째 아이가 태어났어요.
아이의 이름은 **1970년대**였어요.

1970년대는 열정적이고 기운찬 아이였어요.
열정으로 쇠를 녹여 철강을 만들고
기운으로 커다란 선박을 만들었어요.
또 석유 화학 산업에도 열심이었어요.

1970년대가 만든 철강, 선박, 합성 제품은
건넛마을 집집에 수출했어요.

1970년대에게 동생이 생겼어요.
동생의 이름은 1980년대였어요.

1980년대는 정밀 기계를 좋아했어요.
1980년대는 자동차, 컬러텔레비전을 만들어
온 마을에 수출하여 큰돈을 벌었어요.
대한민국 집안 살림도 꽤 좋아졌어요.

대한민국 집안에 다섯째가 태어났어요.
아이의 이름은 1990년대였어요.

1990년대는 컴퓨터 분야의 영재였어요.
1970년대가 성장할 때부터 태교했기 때문이에요.

1990년대는 컴퓨터도 잘 만들었지만
특히 반도체를 만드는 기술은 최고였어요.
마을 집집에서 대한민국 집안에서 만든
반도체를 사 가려고 긴 줄을 섰어요.

1990년대는 정보 통신 기술도 탁월했어요.
초고속 정보 통신망이 대한민국 마당에
커다란 감나무처럼 가지를 펼쳤어요.

대한민국 집안에 막둥이가 태어났어요.

막내의 이름은 2000년대 이후였어요.
이십 년 이상은 아이를 더 낳지 않으려고
아이의 이름을 길게 지었어요.

2000년대 이후의 관심은 다양했어요.
총명하고 활기찼던 2000년대 이후는
여러 첨단 산업의 길들을 뛰어다녔어요.

2000년대 이후는 첨단 산업 분야인
생명 공학, 신소재 산업, 항공 산업뿐 아니라
대중음악과 영화 제작에도 재능이 뛰어나
문화 콘텐츠 산업까지 활발히 활동했어요.

그러자 대한민국 집안의 문화 상품들이
마을마다 큰 인기를 얻었어요.

**2000년대 이후**는 온 마을 사람들의 마음마저 사로잡아 **한류**를 일으켰어요.

　오늘날 우리나라의 경제 수준은 세계에서 10위권이에요. 국제 연합(UN) 회원국으로 가입된 국가만 195개국이니 우리나라의 경제력은 상위권이에요. 하지만 우리나라가 이만한 경제력을 갖춘 지는 오래되지 않았어요. 어린이 독자분의 할아버지, 할머니께서 태어날 즈음일 1950년대까지는 최하위 수준이었으니까요. 그 시절에 우리나라는 참혹한 6·25 전쟁을 겪고, 그 상처로 나라 곳곳이 파괴되었어요. 그래서 국가도, 국민도 가난했어요. 외국으로부터 밀가루 등의 식량 원조도 받았어요. 그래도 우리나라 국민은 경제적으로 자립하려고 허리띠를 졸라매고는 나라의 산업과 가정 살림을 일으켜 세우려고 힘을 모았어요. 하지만 1950년대에 우리나라는 변변한 산업 기반이 없었기에 주로 농사를 지었고, 당장 생활에 필요한 물품들을 하나둘씩 만들어 냈어요. 그것은 설탕·밀가루 등의 식료품 공업과 나일론 등의 섬유 공업이었어요.

1960년대에 들어서자 얼마 후 정부는 '경제 개발 5개년 계획'을 세웠어요. 경제 개발 5개년 계획은 '나라의 경제를 발전시키기 위해 1962년부터 1986년까지 5년씩 묶어서 추진한 경제 계획'이었어요. 그리고 수출을 늘리는 것을 국가 경제 성장의 목표로 삼았어요. 그러려면 수출할 제품도 생산해야 하지만 그 기반도 마련해야 했어요. 그것은 제품을 빠르고 편리하게 운송할 수 있는 도로와 항만 시설을 갖추는 것이었고, 여러 석유 화학 제품의 재료를 만드는 정유 시설과 산업에 필요한 전기 생산도 필요했어요. 그래서 경부 고속 국도와 인천 항만을 개통하고 건설했으며, 울산 정유 공장과 춘천 수력 발전소를 세웠어요. 또, 1960년대의 기업들은 정부의 경제 개발 계획에 따라 섬유·의류·신발 등의 경공업 제품을 만들어 수출했

어요.

1970년대는 정부에서 '중화학 공업'을 육성했어요. 중화학 공업은 '중공업'과 '화학 공업'을 아울러 일컫는 말이에요. 즉, 중화학 공업은 '철·선박·자동차 등의 무거운 제품이나, 플라스틱·합성 섬유·합성 고무 등의 제품을 생산하는 산업'이에요. 하지만 '중화학 공업'은 '경공업'보다 높은 기술과 큰돈이 필요한 산업이에요. 그래서 정부는 연구소를 설립하고, 기업에 돈을 빌려주어 생산 활동을 지원했어요. 특히, 정부는 생산에 필요한 재료를 국내에서 자급하도록 철강 산업과 석유 화학 산업을 서둘러 발전시켰어요. 이에 힘입어 몇몇 기업은 우리나라에서 생산한 철로 선박을 만드는 대형 조선소(선박을 만드는 곳)를 건설하여 세계 시장에 진출했어요. 이후 조선 산업은 우리나라 수출 산업의 효자로 성장했어요.

1980년대에는 기계 산업과 전자 산업도 크게 발전했어요. 우리나라 기업들은 자동차와 컬러텔레비전까지 만들어 냈어요. 이 제품들은 여러 정밀 기계, 기계 부품과 함께 새로운 수출 길을 열었어요. 이렇게 가격이 비싼 수출품이 늘면서 나라 전체의 수출액도 급성장했고, 국민 소득도 증가해 국민의 생활 수준이 크게 좋아졌어요. 그리고 경제 발전이 빨라진 1990년대에 들어서자 우리나라의 산업은 또 다른 도약을 이루었어요. 그것은 컴퓨터 산업이었어요. 국내 기업들이 컴퓨터를 생산하면서 가정에도 컴퓨터 보급이 확대되었어요. 또, 우리 기업은 컴퓨터의 핵심 부품인 반도체도 생산했는데, 그 성능이 뛰어나 1990년대 중반에 이르자 그 판매량이 세계에서 2위를 달성할 만큼 독보적이었어요. 이후 반도체 산업은 세계 최강 국가로 자리 잡았어요. 또한, 컴퓨터 산업이 크게 발전하자, 1990년대 후반에는 정보 통신 기술도 급성장했어요. 전국에 초고속 정보 통신망을 갖출 만큼 정부와 기업은 하나가 되어 정보화 사회를 이루었어요. 그러자, 앞서 이룬 산업들도 정보 통신망을 이용하여 더욱 발전했

어요.

   2000년대 이후에는 세계에서 가장 앞선 국가에서나 개발하고 있는 첨단 산업 분야에 진출했어요. 그만큼 우리나라도 고도의 과학 기술 능력을 갖춘 것이에요. 생명 공학, 신소재 산업, 로봇 산업, 항공 산업 등이 그것이에요. '생명 공학' 분야의 기업들은 의약품 및 의료 기기를 생산하고 있으며, '신소재 산업' 분야의 기업들은 공학을 이용한 특별한 재료를 생산하고 있어요. '로봇 산업'과 '항공 산업'은 전문 연구소와 기업이 합심해 경쟁력 있는 제품을 개발하여 생산하고 있어요. 또한, 2000년대 이후에는 문화 산업과 서비스 산업도 크게 성장했어요. 국민의 경제생활이 풍요로워지자, 사람들은 즐거움을 찾고, 편리함을 누리고 싶어 했어요. 따라서, 국내에서 제작한 대중문화 산업이 국내외에서 크게 활기를 띠었으며, 국내외 여행 인구도 크게 늘어나 관광 산업의 규모도 성장했어요. 이른바 문화 콘텐츠 산업이 확장된 것이에요. 이와 함께, 사람들의 관심과 요구에 발맞춰 금융 산업, 의료 서비스 산업도 커졌어요.

우리나라의 경제 성장 과정을 뒤돌아보면, 우리나라의 경제력은 불과 몇십 년 만에 어리둥절할 만큼 달라졌어요. 우리나라가 이렇게 경제 발전을 이룬 것은 정부의 경제 정책과 경쟁력 갖춘 기업의 능력에도 크게 힘입었지만, 무엇보다 국민의 헌신적 노력과 교육에 대한 열정과 새로운 기술에 대한 탐구 활동이 단단한 돌이 되어 '경제'라는 탑을 쌓은 결과예요. 훗날, 그 바통은 독자 여러분 세대의 손에 넘겨질 거예요.

• 아래의 두 물음을 읽고
  스스로의 생각을 자유롭게 써 보아요.

1. 독자분이 훗날 기업을 경영하게 된다면, 어떤 산업에 매진하고 싶나요? 가만히 생각하여 그 분야를 쓰고, 그 까닭도 쓰세요.

2. 우리나라가 경제 발전을 이루는 동안 우리의 자연환경이 많이 오염됐어요. 그래서 더 늦기 전에 '친환경 산업'으로 바꾸어야 해요. 조사하고 생각하여 바람직한 '친환경 산업'이 무엇인지 예를 들어 보아요.

# 6
# 국가끼리 사고파는 경제 교류

'무역'이란 무엇일까요? '수출'과 '수입'은 무엇일까요?
'무역'을 하는 까닭은 무엇일까요?
'원산지'와 '생산지'는 무엇일까요?
'자유 무역 협정'은 무엇일까요?
국가끼리 사고파는 경제 교류를 알아보아요.

세계 속의
우리나라 경제

## 지구라는 외딴섬

지구라는 이름의 외딴섬에
이백사십여 집이 살았어요.

햇볕은 똑같이 비쳤지만
집마다 처지가 달랐어요.

집마다 **자연환경**이 달랐어요.
집마다 가진 **자원**이 달랐어요.
집마다 가진 **기술**이 달랐어요.

어느 집은 바닷가에 있었어요.
어느 집 마당엔 철이 많이 나왔어요.
어느 집은 농기구를 잘 만들었어요.

집들은 자기 집에 많은 것을 **팔고**
자기 집에 부족한 것을 **샀어요**.

ㄱ집은 비단옷을 잘 만들었어요.
ㄴ집은 쌀농사를 많이 지었어요.

ㄱ집은 비단옷을 ㄴ집에 팔았어요.
ㄴ집은 남는 쌀을 ㄱ집에 팔았어요.

ㄷ집은 마차를 잘 만들었어요.
ㄹ집 마당에는 나무가 많이 자랐어요.

ㄷ집은 ㄹ집에서 나무를 사 갔어요.
ㄹ집은 ㄷ집에서 마차를 사 갔어요.

외딴섬 집마다 가족들이
쌀밥 먹고 비단옷 입고 마차를 탔어요.

집들끼리의 **무역**이
섬마을의 생활을 편리하게 해 주었어요.

　우리나라 시장에 가면 먼 나라에서 재배한 망고도 있고 바나나도 있어요. 우리나라의 상인이 외국에서 사들여 와서 되파는 거예요. 반면에 외국에 나가 보면 우리나라에서 생산한 자동차들이 눈에 띄어요. 그 나라 사람들이 우리나라의 자동차를 선택해 타고 다니는 거예요. 이처럼 '국가와 국가끼리 물건이나 서비스를 사고파는 일'을 무역이라고 해요. 그래서 무역할 때는 한쪽은 팔고, 다른 쪽은 사요. 그것을 '수출과 수입'이라고 해요. 다시 말하면, '외국에 물건이나 서비스를 파는 일'을 수출이라고 하고, 거꾸로 '외국의 물건이나 서비스를 사는 일'을 수입이라고 해요. 수출(輸出)은 한자로 보낼 수(輸), 나갈 출(出)이에요. 수입(輸入)은 한자로 보낼 수(輸), 들어올

입(入)이에요. 그래서 '내보냄 / 들여옴'을 뜻하는 이 한자들을 읽으면 두 낱말 뜻을 이해하기 쉬워요.

왜 나라들끼리 무역을 할까요? 나라마다 부족한 물건이 있고, 남는 물건이 있기 때문이에요. 필요한 물건이 부족한 나라는 물건이 풍부한 나라에서 그 물건을 사들여요. 왜 물건이 부족한 나라도 있고, 풍부한 나라도 있을까요? 그것은 세 가지 이유 때문이에요. 첫째는 나라마다 자연환경이 다르기 때문이에요. 초콜릿을 만들려면 카카오 열매가 필요해요. 그런데 카카오나무가 잘 자랄 수 있는 나라는 대륙마다 따로 있어요. 그렇지 않은 나라는 카카오를 수입해야 해요. 둘째는 나라마다 가진 자원이 다르기 때문이에요. 우리나라에는 석유가 나지 않아요. 사우디아라비아 같은 나라는 석유 자원이 많아요. 그래서 우리나라는 사우디아라비아에서 석유를 수입해요. 셋째는 나라마다 가진 기술이 다르기 때문이에요. 우리나라의 반도체 제조 기술은 세계 최고 수준이에요. 그

래서 우리나라는 세계 여러 나라에 반도체를 많이 수출해요.

그런데, 카카오나무가 자라지 않는 나라여도 카카오를 수입하면 초콜릿을 만들 수 있어요. 우리나라에서 만든 초콜릿의 '원산지'는 아프리카의 가나일 수도 있고, 남아메리카의 베네수엘라일 수도 있지만, '생산지'는 대한민국이에요. 원산지는 '어떤 물품의 재료를 생산하는 지역'이고, 생산지는 '원산지의 재료를 사들여 가공해서 어떤 물품을 만들어 내는 지역'이에요. 그래서 제조 기술을 갖춘 나라들은 제품의 재료를 사들여서 가공하여 물품을 생산해요. 예컨대, 우리나라는 석유를 수입하여 정유 공장에서 가공해요. 즉, 원유 상태인 석유를 수입하여 휘발유·등유·경유·중유 등으로 정제해요. 원유보다 정제한 기름이 훨씬 비싸기 때문이에요. 그것을 국내에서도 사용하고 외국에도 수출해요.

그런데, 무역 때문에 발생하는 문제도 있어요. 나라들끼리 경쟁이 심해져 분쟁이 생기기도 하고, 어느 나라는 값싼 수입품을 너무 많이 들여와 자국의 기업들이 힘들어지기도 해요. 그래서 그런 나라에서는 정부가 개입하여 수입 물량을 조절하곤 해요. 즉, 물품에 따라 수입을 제한하거나 '관세'를 높게 매기기도 해요(관세는 '수입하는 물건에 부과하는 세금'이에요). 하지만 느닷없이 그런 일이 생기면 상대국으로서는 예상하지 못한 일이어서 피해를 보아요. 그래서 이런 피해를 방지하고, 자유롭고 활발한 경제 교류를 하기 위하여 일부 국가끼리는 '자유 무역 협정'을 맺어요. **자유 무역 협정**(FTA: Free Trade Agreement)은 '국가끼리 수출·수입을 자유롭게 하려고 세금·법률 등의 장벽을 줄이거나 없애기로 한 약속'이에요. 우리나라도 여러 나라와 '자유 무역 협정'을 맺고 있어요. 이처럼, 세계 각국은 자국의 경제적 이익을 위하여 활발히 무역하고 있어요.

• 아래의 두 물음을 읽고
  스스로의 생각을 자유롭게 써 보아요.

1. 나라마다 가진 '자연환경, 자원, 기술'에 따라 무역하는 물건이 달라요. 이 세 가지 중에서 어떤 것을 잘 갖춘 나라가 오늘날 경제 강국일까요? 조사하고 생각하여 쓰세요.

2. 자유 무역 협정(FTA)에는 장점도 있고 단점도 있어요. 그것의 장점은 '자유로운 경제 교류'예요. 그것의 단점은 무엇일까요? 조사하고 생각하여 쓰세요.

(map image)

# 7

# 지도로 알아보는 대륙과 대양과 국가들

지구 표면은 어떤 영역들로 구분되어 있을까요?
지구에는 몇 개의 '대륙'과 '대양'이 있을까요?
국가들의 위치와 영역은 어떻게 나타낼까요?
국가의 위치와 영역을 나타내는
'위도'와 '경도'도 알아보아요.

지구, 대륙 그리고 국가들

### 있어요, 있어요

있어요, 있어요.
**지구**가 있어요.
광활한 태양계에 **지구**가 있어요.

있어요, 있어요.
**대륙**이 있어요.
지구 표면의 3할인 **육대주**가 있어요.
**아시아, 아프리카, 유럽, 오세아니아, 북아메리카, 남아메리카**가 있어요.

있어요, 있어요.
**대양**이 있어요.
지구 표면의 7할인 **오대양**이 있어요.
**태평양, 대서양, 인도양, 북극해, 남극해**가 있어요.

있어요, 있어요.

국가들이 있어요.
대륙마다 국가들이 저마다 영역을 차지해 있어요.
러시아가 가장 넓고, 바티칸 시국이 가장 좁아요.
영국과 비슷한 대한민국은 83번째예요.

있어요, 있어요.
세계 지도가 있어요.
오대양 육대주와 국가들을 보여 주는
세계 지도가 있어요.
세계 지도는 지구를 평면에 펼쳐 놓아서
드넓은 세계를 한눈에 볼 수 있어요.

있어요, 있어요.
지구본이 있어요.
오대양 육대주와 국가들을 보여 주는
지구본이 있어요.

**지구본**은 지구를 줄여 놓은 모형이어서
둥근 지구를 입체로 볼 수 있어요.

있어요, 있어요.
**디지털 영상 지도**가 있어요.
세계 곳곳을 확대하고 축소하여 보여 주는
**디지털 영상 지도**가 있어요.
**디지털 영상 지도**는 인공위성이 찍은 사진이어서
장소와 관련된 정보들도 찾아볼 수 있어요.

있어요, 있어요.
**위선**과 **경선**이 있어요.
세계 지도와 지구본에 **위선**과 **경선**이 있어요.
**위선**은 **위도**를 나타내는 가로선이고
**경선**은 **경도**를 나타내는 세로선이에요.

있어요, 있어요.
적도와 본초 자오선이 있어요.
위선의 기준선인 적도가 있어요.
경선의 기준선인 본초 자오선이 있어요.

있어요, 있어요.
나타낼 수 있어요.
위도와 경도로 국가들의 위치를 나타낼 수 있어요.
위도와 경도는 국가들의 주소예요.

있어요, 있어요.
느낄 수 있어요.
달에서 찍은 지구 사진을 보면 느낄 수 있어요.
생명이 숨 쉬는 푸른 지구가
얼마나 아름답고 소중한지 느낄 수 있어요.

지구 표면은 어떤 영역들로 구분되어 있을까요? 지구 표면은 '땅'과 '바다'로 구분해요. 그중 땅은 큰 덩어리로 나뉘어 있어요. 그것을 '대륙'이라고 해요. 한자로 큰 대(大), 뭍 륙[육](陸)인 대륙(大陸)은 '세계에서 가장 큰 섬인 그린란드보다 넓은 땅덩어리'예요. 지구에 이런 땅덩어리가 6개 있어요. 아시아·아프리카·유럽·오세아니아·북아메리카·남아메리카가 그것이에요. 이 여섯 대륙을 '육대주'라고 해요. 육대주(六大洲)의 한자는 여섯 육(六), 큰 대(大), 섬 주(洲)예요. 그대로 뜻풀이하면 '여섯 개의 큰 섬'이지만, 지구 전체로 보면 '대륙'은 바다에 둘러싸인 '큰 섬'이어서 '대륙'과 '대주'는 의미가 같아요. 그래서 육대주(六大洲)는 '지구 표면의 여섯 대륙'이에요.

반면에, 지구의 바다는 이어져 있어요. 그러한 바다도 구분할 필요가 있어서 대륙을 기준으로 구별해 놓았어요. 태평양·대서양·인도양·북극해·남극해가 그것이에요. 이 다섯 영역의 바다를 '오대양'이라고 해요. 오대양(五大洋)의 한자는 다섯 오(五), 큰 대(大), 바다 양(洋)이에요. 말 그대로 오대양의 뜻은 '지구를 둘러싼 다섯 대양'이에요.

오대양 사이사이에 있는 대륙에는 여러 국가가 있어요. 그중 러시아의 면적이 가장 넓어요. 그다음은 캐나다·미국·중국·브라질·오스트레일리아·인도·아르헨티나·카자흐스탄·알제리 순이에요. 영국의 면적과 비슷한 우리나라는 세계에서 83번째예요. 이런 국가들의 위치와 영역은 어떻게 나타낼 수 있을까요? "캐나다는 북아메리카의 북부에 있고, 아르헨티나는 남아메리카의 중남부에 있어요."라고만 한다면, 그 나라들의 정확한 위치와 영역을 알 수 없어요. 그래서 오래전에 과학자들이 모여서 '위선'과 '경선'을 만들어 세계 지도에 표시했어

요. 위선은 '지구 표면을 남북으로 평행하게 그은 가상의 가로선'이에요. 경선은 '지구의 남극과 북극을 지나게 수직으로 그은 가상의 세로선'이에요. 이 '위선'과 '경선'이 어떤 지역의 위치를 나타내는 '기준선'이에요. 그래서 위선과 경선에는 각각 숫자가 쓰여 있어요. 그 숫자들이 위도와 경도예요. 위도와 경도에도 기준선이 있어요. 위도의 기준선은 '적도'이고, 경도의 기준선은 '본초 자오선'이에요. 그중 적도는 '위도 중에서 지구의 중심을 지나는 선'이에요. 그리고 '적도'를 기준으로 북쪽의 위도를 북위라고 하고, 남쪽의 위도를 남위라고 해요. 본초 자오선은 '경도 중에서 한 선'이에요. 그리고 '본초 자오선'을 기준으로 동쪽의 경도를 동경이라고 하고, 서쪽의 경도를 서경이라고 해요('본초 자오선'은 영국 그리니치 천문대를 지나는 선으로 정했어요). 우리나라는 북위 33°~43°, 동경 124°~132° 사이에 있어요. 이렇게 위도와 경도로 표시한 우리나라의 위치가 대한민국의 주소인 셈이에요.

위도와 경도는 세계 지도와 지구본에 표시되어 있어요. 그중 **세계 지도**는 세계 여러 나라의 위치와 영역을 한눈에 보여 주는 장점이 있지만, 둥근 지구의 모양을 평면에 나타내었기에 실제 모습과는 달라요. 그래서 사람들은 지구본도 만들었어요. **지구본**은 실제 지구의 모습을 농구공만 하게 줄인 입체 모형이에요. 그래서 지구본을 살펴보면 세계 각국의 위치와 영역을 잘 알 수 있어요. 또한, 지구 곳곳을 자세히 살펴볼 수 있는 지도도 있어요. 그것은 '디지털 영상 지도'예요. **디지털 영상 지도**는 인공위성에서 촬영한 영상을 이용하여 만든 지도예요. 이 지도는 컴퓨터나 스마트폰 화면에서 자유롭게 확대하고 축소하여 곳곳을 살펴볼 수 있을뿐더러, 장소와 관련된 정보들도 담고 있어서 여러모로 쓸모 있어요.

• 아래의 두 물음을 읽고
  스스로의 생각을 자유롭게 써 보아요.

1. '본초 자오선'은 영국 그리니치 천문대를 지나는 선이에요. 세계를 동쪽과 서쪽으로 구분하는 '경도'의 기준선을 왜 하필 그곳으로 정했을까요? 조사하여 쓰세요.

2. '바티칸 시국'은 세계에서 영토가 가장 좁은 국가예요. 그런데 이 국가는 이탈리아 로마 시내에 있어요. 어떻게 한 국가 안에 또 다른 국가가 존재할 수 있을까요? 조사하여 쓰세요.

# 8
# 여섯 가지 기후와 다양한 생활 양식

'기후'란 무엇일까요?
지구에는 어떤 기후들이 있을까요?
기후는 인류의 생활 양식에 어떤 영향을
끼쳤을까요?
세계 여러 지역에 나타나는 여섯 가지 기후와
기후에 영향받은 다양한 생활 양식을
알아보아요.

세계의
다양한 삶의 모습

## 그래서와 그리고

적도 근방이다. 그래서
태양열을 많이 받는다. 그래서
일 년 내내 기온이 높다. 그래서
강수량이 많다. 그래서
열대 기후다. 그래서
한자가 더울 열(熱), 띠 대(帶)다.

위도 20° 일대다. 그리고
바다에서 멀리 떨어져 있다. 그리고
강수량이 무척 적다. 그래서
건조 기후다. 그래서
한자가 하늘 건(乾), 마를 조(燥)다.

주로 중위도 일대다. 그래서
비교적 사계절이 뚜렷하다. 그래서
농업이 발달했다. 그래서

인구가 많고 산업도 발달했다. 그리고
여름엔 덥고 겨울엔 춥다. 그래서
**온대 기후**다. 그래서
한자가 **따뜻할 온**(溫), **띠 대**(帶)다.

**북반부의 중위도 일대**와 **고위도 지역**이다. 그래서
사계절이 나타난다. 그래서
여름엔 농사를 지을 수 있다. 그리고
침엽수림이 널리 분포해 있다. 그리고
온대 기후보다 겨울이 더 춥고 길다. 그래서
**냉대 기후**다. 그래서
한자가 **차가울 냉**(冷), **띠 대**(帶)다.

**고위도 지역**이다. 그래서
평균 기온이 매우 낮다. 그래서
짧은 여름엔 유목 생활도 한다. 그리고

석유와 천연가스가 풍부하다. 그리고
지구에서 가장 춥다. 그래서
**한대 기후**다. 그래서
한자가 **차가울 한**(寒), **띠 대**(帶)다.

**해발 고도가 높은 지역**이다. 그래서
위도와 무관하게 봄처럼 온화하다. 그래서
기온 높은 평지보다 생활하기 좋다. 그래서
오래전부터 도시가 발달했다. 그리고
해발 2,000m 이상이다. 그래서
**고산 기후**다. 그래서
한자가 **높을 고**(高), **메 산**(山)이다.

**기후**는 일정한 지역에
오랫동안 나타나는 평균 날씨다. 그래서
**기후**에 따라 **생활 모습**이 다르다. 그래서

옷도, 밥도, 집도, 풍습도 다르다. 그래서 다양한 **생활 양식**을 존중해야 한다.

마음으로 이해하면 존중할 수 있다.

 우리나라는 사계절이 뚜렷해요. 반면에, 적도 근방이나 극지방은 일 년 내내 무척 덥거나 무척 추워요. 사하라 사막 같은 곳은 일 년 내내 무척 건조해요. 왜 이런 차이가 나타날까요? 그것은 각 나라의 위치나 지형에 따라 '기후'가 다르기 때문이에요. 그럼, '기후'란 무엇일까요? 기후는 '일정한 지역에서 여러 해에 걸쳐 나타나는 날씨의 평균 상태'를 일컫는 말이에요. 날씨는 '그날그날의 기온·비·눈·바람 등이 나타나는 대기 상태'예요. 그래서 '기후'는 일정한 지역에 주기적으로 나타나는 기온·습도·강수량·바람 등의 영향으로 결정되어요. 예컨대, 지구는 적도에 가까울수록 태양열을 많이 받아요. 그래서 적도 근방은 항상 기온이 높아요.

그럼, 지구에는 어떤 기후들이 있을까요? 지구의 기후는 대략 여섯 가지로 구분해요. 첫 번째 기후는 열대 기후예요. 앞의 동시에도 썼듯이, 열대(熱帶)의 한자는 더울 열(熱), 띠 대(帶)예요. 그래서 '열대 기후'는 일 년 내내 기온이 높은 지역에 마치 '띠'를 두르듯 나타나요. 그 지역은 지구에서 태양열을 가장 많이 받는 적도 근방이에요. 그 지역의 기온은 항상 높아서 바다에서 증발한 수증기가 자주 비구름을 만들어 내요. 그래서 강수량도 많아요. 두 번째 기후는 건조 기후예요. 건조(乾燥)의 한자는 하늘 건(乾), 마를 조(燥)예요. 하늘이 말라 있으니 '건조 기후'의 지역은 강수량이 적어요. 그곳은 중앙아시아처럼 바다에서 멀리 떨어져 있는 지역이거나 아프리카의 사하라처럼 사막 지역이에요. 위도 20° 일대가 건조 기후가 나타나는 지역이에요. 세 번째 기후는 온대 기후예요. 온대(溫帶)의 한자는 따뜻할 온(溫), 띠 대(帶)예요. 그래서 '온대 기후'는 일 년의 절반인 봄가을에는 온화해요. 그리고 사계절이 뚜렷해요. 그래서 농업이 발달했고, 비

교적 살기 좋은 곳이어서 인구가 많고, 산업도 발달했어요. 물론, 여름엔 기온이 높고 겨울엔 기온이 낮아요. 주로 중위도 일대가 온대 기후가 나타나는 지역이에요. 네 번째 기후는 냉대 기후예요. 냉대(冷帶)의 한자는 차가울 냉(冷), 띠 대(帶)예요. 그래서 '냉대 기후'는 온대 기후보다 겨울이 길고 더 춥지만, 여름에는 밀·감자·옥수수 등의 작물을 농사지을 수 있어요. 또, 침엽수림이 널리 분포하여 목재와 펄프(종이의 재료)도 많이 생산해요. 북반부의 중위도 일대와 고위도의 일부가 냉대 기후가 나타나는 곳이에요. 다섯 번째 기후는 한대 기후예요. 한대(寒帶)의 한자는 차가울 한(寒), 띠 대(帶)예요. 그래서 '한대 기후'는 연평균 기온이 매우 낮아요. 그나마 짧은 여름이 있어서 그때는 순록을 키우며 유목 생활도 해요. 반면에, 석유와 천연가스 같은 지하자원이 많아요. 남극과 북극에 가까운 고위도 지역이 한대 기후가 나타나는 곳이에요. 여섯 번째 기후는 고산 기후예요. 고산(高山)의 한자는 높을 고(高), 메 산(山)이에요. 그래서 '고산 기후'는 해발 고도가 높은 지역에 나타나요. 해발 고도가 높을수록 기온이 낮아져요. 그러므로 '고산 기후'는 위도와 관계없이 지구 곳곳의 높은 지역에 분포되어 있어요. 그곳들은 봄 날씨처럼 온화해서 기온이 높은 평지보다 생활하기에 유리해요. 그래서 옛날부터 해발 고도 2,000m 이상인 넓은 지역에는 도시가 발달했어요.

기후는 의식주에도 큰 영향을 끼쳐요. 생활의 기본인 '의식주'는 자연환경을 따르는데, 자연환경은 기후의 영향을 받기 때문이에요. 그러므로, 사람들은 기후에 따라 옷을 지어 입고, 음식을 만들어 먹고, 집을 지어 거주해요. 그래서 햇볕이 강하고, 매우 건조하며, 바람이 센 사막에서는 흰 천으로 온몸을 감싸는 옷을 입어요. 반면에 무척 춥고, 눈이 많이 내리는 극지방에서는 동물의 가죽과 털로 만든 옷과 신발을 겹겹이 입고 신어요. 그런가 하면, 초원에서 유목 생활하는 몽골에서는 기르는 양의 고기와 젖, 밀로 만든 빵을 주로 먹어요. 반면에 우리나

라처럼 사계절이 뚜렷해 여러 농작물을 재배하는 지중해 주변에서는 다양하고 풍부한 음식 문화가 발달해 있어요. 또한, 기후는 집의 모양에도 영향을 주어요. 적도 근방의 큰 섬나라인 파푸아 뉴기니의 집들은 '고상 가옥'이에요(고상 가옥은 땅에서 올라오는 열기와 습기를 피하려고 나무 기둥을 높이 세워 지은 집이에요). 반면에, 통나무집으로 유명한 러시아의 전통 가옥인 이즈바는 지붕의 경사가 가팔라요. 겨울에 눈이 많이 내려서 지붕에 쌓인 눈이 잘 미끄러지게 하려고 그렇게 지은 거예요.

기후는 생활 양식에도 영향을 주어요. 건조 기후 지역의 사막은 물이 부족하여 그 지역 사람들은 호수를 이룬 오아시스에 마을을 이루고 살아요. 열대 기후 지역의 사람들은 전통적으로 '화전 농업' 방식으로 작물을 재배해요(화전 농업은 일부러 숲을 불태워 밭을 일구는 농업 방식이에요). 이처럼, 세계 곳곳에서 살아가는 사람들의 생활 양식은 다양해요. 그래서 지역마다 다른 생활 양식에는 옳고 그름이 따로 없어요. 인류의 여러 생활 양식은 다양한 기후에서 이룬 인문 환경일 따름이에요. 그렇게 자리 잡은 생활 풍습들을 마음으로 이해한다면 맨손으로 밥을 집어 먹는 인도인들의 음식 문화도 존중할 수 있어요. 뭐든 마음으로 이해하면 존중할 수 있어요.

• 아래의 두 물음을 읽고
  스스로의 생각을 자유롭게 써 보아요.

1. 피라미드로 유명한 이집트는 오늘날은 '건조 기후'인 사막이에요. 하지만 5천 년 전에 그 지역은 초목이 우거지고 나일강이 넘칠 만큼 살기 좋은 기후였어요. 그랬던 기후가 왜 사막으로 바뀌었을까요? 조사하여 쓰세요.

2. 세계 기후 지도를 보면 '냉대 기후'는 북위 30°~70° 일대에 걸쳐 있어요. 왜 '냉대 기후'는 '열대 기후'나 '온대 기후'와는 다르게 남위에는 나타나지 않을까요? 조사하여 쓰세요.

# 9 우리나라와 이웃한 세 나라

우리나라는 어떤 나라들과 이웃해 있을까요?
우리나라와 중국과 일본의 문화에서
비슷한 점은 무엇일까요?
러시아는 우리나라와 이웃해 있는데도
왜 문화가 전혀 다를까요?
우리나라와 이웃한 세 나라를
알아보아요.

우리나라와 가까운 나라들

## 세 학생의 자기소개

세계 나라들이 6학년이 되었어요.
아시아 학급에 배정된 학생들이
하루에 셋씩 자기소개를 했어요.
오늘은 중국, 일본, 러시아 차례였어요.

먼저 중국이 칠판 앞에 섰어요.

안녕? 얘들아, 내 이름은 중국이야.
나는 대한민국의 이웃이야.
나는 한반도의 서쪽에 있거든.

그런 나는 영토가 무척 넓어서
내게는 여러 지형과 기후가 나타나.
내 지형은 서쪽이 높고 동쪽이 낮아서
내 동부 지역에 대도시와 큰 항구가 있어.

그리고 나는 세계에서 인구가 가장 많아.
또, 말하고 쓸 땐 한자로 된 중국어를 사용하고
음식을 먹을 땐 기다란 젓가락을 사용해.

이번엔 **일본**이 칠판 앞에 섰어요.

안녕? 얘들아, 내 이름은 **일본**이야.
나도 **대한민국**의 이웃이야.
나는 한반도의 동쪽에 있는 섬나라거든.
나는 큰 섬 4개와 작은 섬들로 이뤄졌어.

내 국토는 대부분 산지이고 화산도 많아.
지진도 자주 일어나고 눈비도 자주 내려.
그런 나는 일본어를 쓰는데
그것은 중국 한자와 그 한자를 변형한 '가나'야.
내가 쓰는 젓가락은 뾰족한 나무젓가락이야.

그다음에 칠판 앞에 선 학생은 백인이었어요.

안녕? 얘들아, 내 이름은 **러시아**야.
나도 **대한민국**의 이웃이야.
나는 한반도의 북쪽에 있거든.

세계에서 영토가 가장 넓은 나는
위도가 높아서 대부분 냉대 기후야.

내 동부는 고원과 산악 지대이고
내 서부는 평원이 넓어서
인구 대부분이 서남부 지역에서 생활해.

나는 석유, 천연가스 같은 천연자원이 많고
내가 쓰는 말과 글은 러시아어야.
그리스 문자 같은 '키릴 문자'를 변형한 말이야.

그런 나는 아시아에서 살지만 내 언어처럼,
생긴 모습도 생활 문화도 유럽인과 비슷해.
음식을 먹을 때도 나이프와 포크를 사용하거든.

세 학생이 자기소개를 마치자
반 학생들이 주위를 둘러보았어요.
방금 말한 세 학생의 이웃이라는
대한민국이 누군지 궁금했기 때문이에요.

아시아 교실 동북쪽에 점잖게 앉아 있는
대한민국이 빙그레 웃고 있었어요.

한 반에서 함께 수업받으며 생활하는 학생들도 더 자주 어울리는 친구들이 있듯이, 지구의 여러 대륙에 있는 국가들끼리도 더 자주 교류하는 사이가 있어요. 국가끼리는 어떤 사이여서 더 자주 교류할까요? 한 반 학생들이 전후좌우에 앉은 학생에게 지우개도 빌리고 장난도 치듯이, 국가들도 지리적으로 가까운 나라끼리 더 많이 교류해요. 유럽의 나라들도 그렇고, 아프리카의 나라들도 그래요. 우리나라가 속해 있는 아시아도 그래요. 우리나라는 아시아의 동북쪽에 있어요. 그런 우리나라의 서쪽에는 중국이, 동쪽에는 일본이, 북쪽에는 러시아가 있어요. 즉, 이 세 나라가 우리나라와 이웃해 있어요. 그중 중국과 일본은 옛날부터 우리나라와 교류가 많았어요.

그래서 우리나라와 중국과 일본은 문화적으로 비슷한 점이 많아요. 우리나라와 중국과 일본은 언어가 각기 다르지만 '한자'를 사용하는 점에서는 비슷해요. 중국어는 한자만으로 이루어져 있는 언어이고, 일본어는 중국의 한자를 변형하거나 간단하게 만든 '가나' 문자예요. 한국어에는 한글인 순우리말도 많지만, 한자어도 많아요. 또한, 세계에서 '젓가락'을 쓰는 나라는 많지 않아요. 쌀밥과 국수를 먹는 우리나라와 중국·일본, 그리고 동남아시아의 몇몇 국가들뿐이에요.

그런데 **러시아**는 우리나라와 이웃해 있지만, 우리나라뿐만 아니라 중국과 일본과도 인종이 다르고 생활 문화도 달라요. 왜 그럴까요? 러시아의 영토는 세계에서 가장 넓은 만큼 아시아와 유럽에 걸쳐 있어요. 그런 러시아의 영토 중에서 우리나라의 북쪽에 해당하는 동부 지역은 대부분 산악 지대이고 중부 지역은 고원이에요. 반면에 러시아의 서부 지역은 넓은 평원이 펼쳐져 있어요. 그

　래서 옛날부터 러시아 사람들은 대부분 서부 지역에 모여 살아요. 그러니 러시아는 아시아의 나라들보다는 주로 유럽의 나라들과 교류했고, 그 영향으로 인종도, 생활 문화도 유럽인과 비슷한 거예요. 더욱이 러시아는 위도가 높아서 우리나라와는 다른 '냉대 기후'에 속해 있어요. 특히 러시아의 시베리아는 기온이 낮아서 겨울이면 무척 추워요. 반면에 그곳에는 석유·천연가스·철·금 따위의 지하자원이 풍부해요.

　러시아만큼은 못 되지만 중국도 면적이 무척 넓은 국가예요. 러시아·캐나다·미국 다음으로 넓으니까요. 그래서 중국은 지역마다 여러 지형과 기후가 나타나요. 그런 중국의 지형은 러시아와는 반대로 서쪽에서 동쪽으로 갈수록 낮아서 동부 지역에 대도시가 많이 생겼어요. 그래서 큰 항구도 동부의 해변에 지어졌어요. 중국이 세계 1위인 것도 있어요. 대표적인 것이 인구수예요. 오늘날 중국의 인구는 전 세계 인구의 20%가량이나 차지해요.

그래서 세계인이 가장 많이 사용하는 언어도 '중국어'예요(영어는 두 번째예요).

조선 시대부터 20세기 중반까지 우리나라를 여러 번 침략한 **일본**은 섬나라예요. 그런 일본은 큰 섬 4개와 작은 섬 3천여 개로 이루어져 있어요. 그 국토는 대부분 산지예요. 그중에는 화산도 많고, 지반이 안정되어 있지 않아서 크고 작은 지진이 자주 일어나요. 또한, 일본은 바다에 둘러싸여 있어서 습도가 높은 편이고 강수량도 많아요. 그리고 일본의 공업 단지는 주로 동부 지역에 세워졌어요. 외국과의 무역에 유리하게끔 태평양을 향한 해안을 따라 조성한 것이에요. 이러한 일본은 우리나라의 일부 국민에게 잔재를 남겼어요. 친일 정서와 일본식 외래어가 그것이에요. 그것은 지난 세기 초부터 반세기나 우리 민족을 지배했던 일제 강점기의 잔재예요. 광복 이후 대한민국과 일본은 국제 사회의 국가 대 국가일 따름이에요. 지리적으로 이웃한 동등한 나라의 관계예요.

• 아래의 두 물음을 읽고
  스스로의 생각을 자유롭게 써 보아요.

1. 우리나라는 이웃한 중국과 러시아뿐만 아시아와 유럽의 여러 나라와도 바닷길을 이용해 교역해요. 그런데 '철도'를 이용하면 더 빠르고 비용도 줄일 수 있어요. '철도'를 이용해 무역할 방법은 무엇일까요? 스스로 생각하여 쓰세요.

2. 오늘날 중국의 경제는 빠르게 성장하고 있어요. 중국의 경제 성장이 우리나라의 경제에 어떤 영향을 끼칠까요? 우리나라의 입장에서 장단점을 구분하여 쓰세요.

# 10
## 남북통일을 이루어야 할 까닭

오늘날 남북 분단은 어떤 상태일까요?
우리 민족을 어떤 민족이라고 부를까요?
남북한이 평화 통일을 이루면 우리 겨레의 경제에는
어떤 영향을 끼칠까요?
남북통일을 이루어야 할 까닭을
생각해 보아요.

한반도의
미래와 통일

### 우리와 우리 땅


우리는
우리 선조들의 자손과 같은 말.

그래서 우리는
우리 민족과 같은 말.

또 그래서 우리는
분단된 한민족과 같은 말.

우리 땅은
우리 선조들이 살아온 터전과 같은 말.

그래서 우리 땅은
우리 영토와 같은 말.

또 그래서 우리 땅은

한반도의 막내, 독도도 포함하는 말.

우리는
우리 민족의 다른 말.

그래서 우리는
평화 통일을 이룰 한민족의 다른 말.

우리 땅은
우리 영토의 다른 말.

그래서 우리 땅은
반드시 지켜 낼 독도의 다른 말.

우리 땅과 우리는
독도 딸린 한반도를 통일할 한민족.

우리 민족은 공식적으로 1910년 8월 29일부터 1945년 8월 15일까지 일본의 강제 통치를 받았어요. 간절했던 광복을 35년 만에 맞았지만, 3년 뒤인 1948년 8월과 9월에 남한과 북한에 따로따로 정부가 세워졌어요. 그 후 채 2년이 안 되어 6·25 전쟁이 일어났고 한민족끼리 총부리를 겨누게 되었어요. 다시 그 후 3년이 지난 1953년 7월에 한반도를 남북으로 나눈 휴전선이 그어져 오늘날까지 남한과 북한이 밤낮으로 대치하고 있어요. 종전(終戰)이 아닌 휴전(休戰) 상태이기 때문이에요(그 한자는 마칠 종[終], 쉴 휴[休], 싸움 전[戰]이에요). 그래서 남한과 북한은 해마다 엄청난 비용과 수많은 군인을 국방에 투여하고 있어요. 만약 남한과 북한이 대치하고 있지 않다면 그 비용과 군인을 지금의 절반으로 낮추더라도 국방 태세는 충분할 거예요. 그렇게 된다면, 줄어든 비용은 '국민 복지' 등의 다른 행정 분야에 넉넉히 쓸 수 있을 테고, 군인은 지금처럼 '의무 복무'가 아닌 '직업 군인'으로 대체할 수 있을 거예요. 따라서, 그만큼 비용과 인력이 줄어들면 우리나라의 경제 발전은 가속화될 테고, 우리나라의 경제력은 세계 10위권 안쪽으로 성큼 들어설 거예요.

훗날, 남한과 북한이 평화 통일을 이룬다면 어찌 될까요? 40년간 서독과 동독으로 분단되었던 독일이 1990년에 통일했던 직후처럼 남북통일 후 우리 사회도 한동안은 혼란을 겪을 거예요. 하지만, 독일의 경우를 교훈 삼아 철저하게 준비하여 평화 통일을 이룬다면, 단점보다 장점이 훨씬 많을 거예요. 남한의 기술력에 북한의 인력과 지하자원이 효율적으로 결합한다면 우리의 통일 국가는 상당한 경제 발전을 이룰 거예요. 옛날부터 우리 민족

은 부지런하고, 북한의 산악 지대에는 아직 개발되지 않은 상당한 지하자원이 묻혀 있으니까요. 또한, 남북이 통일되면 인구수도 1억 명가량 되어서 나라 안의 경제 활동도 지금보다 훨씬 활성화될 거예요. 그뿐 아니라, 지금의 북한 땅에서 이어질 철도 교통이 아시아 대륙으로 향해 화물 열차와 여객 열차가 줄줄이 중국과 러시아를 지나 아시아 남부 지역은 물론이고, 유럽 끝까지 오갈 수 있어요. 그러면 바닷길은 바닷길대로, 육로(陸路)는 육로대로 우리나라와 세계의 교역은 더욱 확대될 거예요.

그런데 남북한이 평화 통일을 이루어야 하는 마땅한 까닭에는 우선인 것이 있어요. 그것은 남북한의 동포가 **한민족**(韓民族)이라는 점이에요. 우리 한민족은 918년에 건국한 고려 이후 조선 시대와 광복을 거쳐 1948년에 분단되기 전까지는 그야말로 '단일 국가'였어요. 다시 말하면, 우리 한민족이 오늘날처럼 분단된 지는 길게 잡아도 백 년도 안 되었어요. 즉, 1948년－918년＝1030년이에요. 다시 말하면, 천 년 넘도록 단일 국가였던 한민족이 백 년도 안 되는 기간만 분단된 상태에 있어요. 그러니 오늘날 남북한 사람들에게 한민족 DNA(유전자의 본체)를 물려 주신 우리 조상들이 아신다면 무척 슬퍼하실 거예요. 바로 이런 사실들이 남북통일 후의 경제 효과보다 앞서는 '당위'예요(당위는 '마땅히 그렇게 하거나 되어야 하는 것'을 뜻하는 낱말이에요). 더욱이, '휴전'이라는 말은 '언제든 다시 전쟁을 이어갈 수 있다.'라는 뜻이기도 해요. 그러니, 우리 겨레의 안전과 평화를 위해서라도 우선은 종전(終戰)을 선언하고, '평화 협정'을 맺는 일부터 서둘러 진행해야 해요. 남북 분단의 아픔과 슬픔을 가슴 속 깊이 담아 두신 일천만 이산가족분들이 차마 모두 별세하시기 전에 말이에요.

- 아래의 두 물음을 읽고
  스스로의 생각을 자유롭게 써 보아요.

1. 남북통일이 되면 우리 겨레에게 어떤 좋은 일들이 생길까요? 앞서 수필에서 예상한 내용을 읽고 또 다른 장점을 생각하여 쓰세요.

2. 6·25 전쟁은 1953년 7월 27일에 판문점에서 '국제연합군 총사령관'과 '북한군 최고사령관' 및 '중공 인민지원군 사령원'이 맺은 '정전 협정'으로 휴전되었어요. 그럼, 이어져야 할 '종전 협정'과 '평화 협정'은 '누구와 누구'가 맺을 수 있는 협정일까요?

# 11
## 지구촌에서 일어나는 갈등의 원인과 문제

왜 오늘날 세계 곳곳에서는 '갈등'이 일어날까요?
지구촌의 갈등 문제를 해결하기 위하여 국제 사회는
어떤 노력을 하고 있을까요?
지구촌에서 일어나는 갈등의 원인과 문제를
알아보아요.

지구촌의 평화와 발전

### 수업 일기

2789년 12월 10일. 맑음.
오늘 사회 수업 시간에 배웠다.
수백 년 전 인류는 평화롭지 않았다는 사실을.

그 옛날 지구촌에는 갈등이 많았단다.
당시는 죽거나 다친 사람들이 끊이지 않을 만큼
인류는 세계 곳곳에서 심하게 다퉜단다.

영토 - 종교 - 인종 - 민족 - 자원 - 정치 등의 문제가
칡넝쿨과 등나무처럼 얽히고설켜
서로 맞선 국가와 지역을 피와 눈물로 적셨단다.

모국을 떠나 살 곳을 찾아 헤매는 난민이 속출했고
민가로 날아든 포탄에 부모 잃고 자식 잃은
사람들의 울음소리가 파괴된 마을마다 울렸단다.

늦게나마 인류는 갈등 해결에 나섰단다.
20세기 중반이 돼서야 UN이 세워졌단다.
국제 연합(UN)은 세계에 평화의 길을 냈단다.

국제기구, 비정부 기구도 자발적으로 생겨나
전쟁 - 빈곤 - 인권 - 보건 - 교육 - 환경 등등의
절박한 문제를 해결하려고 발 벗고 나섰단다.

갈등의 뿌리는 깊어서 줄기부터 잘라야 했지만
알을 깨려고 병아리와 암탉이 안팎에서 쪼듯이
갈등의 당사자와 지원 단체가 오래 노력했단다.

오늘날은 지구촌에서 모든 무기가 사라졌지만
이렇게 되기까진 우주에서 지구를 본 사람처럼
인류 평화의 소중함을 깨닫는 데 오래 걸렸단다.

나의 신념만 옳다고 믿으면 갈등을 낳고
다른 신념도 옳다고 믿으면 평화를 낳는단다.

　학급에서도 서로 사이좋게 지내는 친구들이 있는가 하면, 일부 아이들끼리는 유난히 다투어요. 그래서 자주 다투는 아이들은 서로 불편한 관계가 되어요. 국제 사회도 마찬가지예요. 지역과 지역끼리, 국가와 국가끼리, 민족과 민족끼리도 자주 다투는 일이 '지구촌'에는 적지 않아요. 지구촌은 '지구 전체를 한마을처럼 여겨 이르는 말'이에요. 교통과 통신이 발달하지 못했던 옛날에는 먼 곳에 어떤 나라들이 있는지조차도 잘 알지 못했지만, 오늘날에는 남극과 북극에서도 영상 통화를 할 수 있게 되었어요. 또, 우리나라에서 유럽까지도 10시간이면 갈 수 있을 만큼 지구가 한마을처럼 가까워졌어요. 그래서 세계를 '지구촌'이라고 불러요. 더욱이 방송 매체의 발달로 인류는 세계에서 일어나는 주요 사건을 실시간 뉴스로 시청할 수 있어요. 그런데, 그 뉴스는 흐뭇한 소식보다 안타까운 소식이 더 많아요. 자연재해를 비롯해 테러·폭격·전쟁·납치·내전(한 나라 안에서 일어나는 싸움) 등의 사건이 그것이에요.

이러한 폭력 사건은 '인종 대 인종, 종교 대 종교, 종족 대 종족, 국가 대 국가, 지역 대 지역' 간의 갈등에서 비롯되어 많은 사상자를 낼 만큼 오랜 다툼으로 이어져요. 어느 경우는 영토 문제로, 다른 경우는 자원 문제로, 또 다른 경우는 인종·종교·민족·종족·정치·교역·환경 등의 문제들로 세계 곳곳에서 대립한 사람들이 무기를 동원해 충돌하고 있어요. 왜 인류끼리 '갈등'을 일으킬까요? 갈등(葛藤)의 한자는 칡 갈(葛), 등나무 등(藤)이에요. 말 그대로 갈등은 '칡넝쿨과 등나무가 서로 얽힌 것처럼, 개인이나 집단끼리 서로 적대시하거나 충돌함'을 뜻하는 말이에요. 서로 무리 지어 갈등하는 사람들은 자기들의

신념만이 옳다고 믿거나, 자기들만이 우월하게 태어났다고 여기거나, 자기들만의 경제적 이익을 늘리려고 하기 때문이에요. 그래서 자기들과는 다른 태도와 입장을 인정하지 않을뿐더러 적대시하여 무찌르기까지 하려는 거예요.

이러한 오늘날 지구촌의 여러 갈등 문제는 심각해요. 더욱이, 갈등과 충돌 현장에서 살아가는 선량한 일반인들의 피해는 생사를 넘나들 만큼 심각해서 안타까워요. 그래서 지구촌 갈등 문제를 해결하고자 국제 사회가 나섰어요. 갈등의 당사자들만으로는 갈등과 충돌 문제가 해결되지 않기 때문이에요. 그 대표적인 '국제기구'는 '국제 연합(UN)'이에요. 국제기구는 '어떤 목적이나 활동을 위하여 두 나라 이상의 회원국으로 구성된 조직체'를 뜻하는 말이에요. 그리고 흔히 UN(United Nations)이라고 일컫는 국제 연합(UN)은 '세계 평화 유지, 전쟁 방지, 국제 협력 활동을 위하여 1945년부터 여러 국가가 참여해

설립된 국제단체'예요. 국제 연합(UN)은 전 세계의 노동 문제, 난민 문제, 원자력 에너지 관리 문제에 나서서 세계 평화를 위해 노력하고 있어요. 또, 교육·과학·문화 분야의 국제 교류에도 힘쓰고 있어요. 그런가 하면, '비정부 기구'들도 다방면으로 활동하고 있어요. 비정부 기구(NGO)란 '세계의 여러 문제를 돕고 해결하고자 한마음 한뜻으로 모인 사람들이 자발적으로 활동하는 조직'이에요. 그래서 '비정부 기구'는 각국의 정부들이 주체가 되어 활동하는 '국제기구'와는 조직 성격이 달라요. 비정부 기구에 참여하는 사람들은 국경을 넘어 스스로 모여 일하고 있어요. 그래서 그분들은 세계 곳곳에서 도움의 손길이 필요한 사람들의 '인권·빈곤·보건·환경·성 평등' 등의 문제를 해결하고자 힘쓰고 있어요. 그분들이야말로 지구촌에 사는 천사예요.

- 아래의 두 물음을 읽고
  스스로의 생각을 자유롭게 써 보아요.

1. 아시아 대륙 서쪽에 있는 국가 '시리아'는 내전이 심각해 난민이 많이 발생했어요. 이런 '난민 문제'를 해결하려면 국제 사회가 어떻게 도와야 할까요? 스스로 생각하여 쓰세요.

2. 초등학생으로서 비정부 기구(NGO)의 활동에 참여하거나 돕는 방법은 무엇일까요? 스스로 생각하여 쓰세요.

# 12
# 지구촌의 환경 오염과 인권 문제

'지구 온난화'란 무엇일까요?
오늘날 '지구 온난화'는 왜 발생했을까요?
오늘날 지구촌의 환경 문제, 빈곤과 기아 문제,
인종·민족·종교·문화에 대한 편견과 차별 문제를
알아보고 해결 방안도 생각해 보아요.

지속 가능한 지구촌

## 우리의 손

아파요, 아파요.
지구의 땅이 아파요.
아마존마저 **나무들**이 베어져
지구의 허파가 작아졌어요.

아파요, 아파요.
지구의 바다가 아파요.
바다에 버린 **쓰레기**가 쌓여
곳곳에 쓰레기 섬이 생겼어요.

아파요, 아파요.
지구의 하늘이 아파요.
도시마다 배출한 **배기가스**가
초미세 먼지가 되어 하늘을 덮었어요.

아파요, 아파요.

지구의 온몸이 아파요.
날이 갈수록 지구에 열이 펄펄 나요.

있었어요, 있었어요.
과거가 있었어요.
편리한 제품을 생산한 과거가 있었어요.

있어요, 있어요.
현재가 있어요.
지구 환경을 파괴하는 현재가 있어요.

있을 거예요, 있을 거예요.
미래가 있을 거예요.
환경 오염을 줄이고 친환경 사회를 만든다면
지속 가능한 미래가 있을 거예요.

지구의 내일은
오늘 우리 손에 달렸어요.

　지구가 아파요. 지구 자체는 생명체가 아니니 '아프다.'라는 표현은 어울리지 않을까요? '지구가 늙는다.'라는 표현은 어때요? 과학 시간에 배운 '항성'과 '행성'에도 수명이 있으니 말이에요. 지구도 행성 중 하나여서 언젠가는 수명을 다할 거예요. 그런데 지구는 태양계에서 유일하게 생명체가 존재하는 행성이에요. 그래서 지구 환경에 큰 문제가 생기면 지구의 생명체에도 심각한 문제가 생겨요. 그런 지구가 인류의 산업 활동 이후부터 **지구 온난화**(지구의 기온이 높아지는 현상)를 앓고 있어요. 독감을 앓을 때 체온도 높아지듯이, 지구에 열이 올라서 지구가 아파요. 실제로 오늘날은 지구 온난화가 가속화되어 북극과 남극의 빙하가 눈에 띄게 녹고 있어요. 그만큼 지구의 대기가 뜨거워졌어요. 과학자들의 연구에 따르면, 오늘날 지구 온난화는 산업으로 발생한 온실가스가 주범이에요. 그중 절반 이상이 이산화 탄소예요. 주로 석유나 석탄을 태워 움직이는 자동차와 공장 기계에서 내뿜는 '배기가스'에는 많은 양의 이산화 탄소가 있어요. 따라서, 지금 지구 온난화의 주범은 자동차와 공장이에요. 그러므로 지구 온난화를 줄이거나 멈추려면 석유와 석탄 사용을 최대한 줄이고, 환경 오염을 거의 일으키지 않는 친환경 에너지를 서둘러 개발하여 에너지원을 대체해야 해요.

지구의 환경 문제는 지구 온난화만이 아니에요. '플라스틱'은 1907년에 만들어진 이후 그 생산 기술이 전 세계 공장으로 퍼졌어요. 플라스틱은 금속·나무·유리·도자기보다 가볍고, 만들기 쉽고, 생산비가 값싸기 때문이에요. 하지만 플라스틱은 석유 화학 제품이어서 버리고 나면 땅속에 묻어도 자연 분해되기까지 천 년 이상 걸리

는 만큼 심각한 쓰레기 문제를 일으키고 있어요. 그러니 우선은 플라스틱과 비닐 쓰레기를 재활용하게끔 잘 모으고, 적절히 재생해야 해요. 하지만 현실은 그렇지 않아요. 오늘날 전 세계 바다에도 플라스틱류 쓰레기들이 엄청나요. 함부로 버린 플라스틱이 쓰레기 섬을 이루어 바다를 심하게 오염시키고 있어요. 이렇게 지구 환경을 오염시키는 쓰레기 문제는 개인들도 참여하고, 기업·국가·국제기구가 여러 정책과 제도를 만들어 엄격히 시행하고 대처해야 해요. 즉, 기존의 플라스틱은 잘 관리하여 재생하고, 옥수수·감자나 해조류 등의 생분해성 재료로 제품을 만들어서 플라스틱 제품들을 대체해야 해요.

그런가 하면, 지구 곳곳에는 빈곤과 기아에 시달리는 사람들이 많아요. 빈곤은 '생활 형편이 몹시 가난한 상태'를 뜻해요. 기아는 '먹을 게 없어서 굶주린 상태'를 일컫는 말이에요. 실제로 세계 어린이 인구의 약 24%, 즉 전 세계 어린이의 네 명 중 한 명이 굶주리고 있어요. 또, 주로 아프리카 지역에는 몹시 가난하여 학교에도 못 가고 종일 일해야 하는 어린이가 무척 많아요. 이에, 빈곤과 기아 문제를 해결하려고 국제 사회와 '비정부 기구'들이 구호 활동, 식량 보급, 자립 지원, 의료와 교육 지원 등등 다방면으로 돕고 있어요. 하지만, 빈곤과 기아 문제를 해결하려면 세계적인 차원에서 더 근본적인 방안과 실천이 필요해요. 그것은 여전한 인류의 숙제예요.

만약에 빈곤과 기아를 겪고 있는 사람들이 부유한 국가의 국민과 같은 인종, 같은 민족, 같은 혈족이라면 오래 걸리지 않아 문제가 해결될 거예요. 하지만 그저 멀리 떨어져 있는 무관한 사람이라고 여기기에 도움의 손길이 많지 않아요. 그것은 인간에 대한 편견과 차별에서 비롯됐어요. 나와는 다른, 우리와는 다른 사람들로 여기는 거예요. 실제로 지구촌의 많은 사람이 인종·민족·종교·문화가 다른 사람들을 편견으로 대하고 차별해요. ==나와 다른, 우리와 다른 인종·민족·종교·문화도 똑같이 가치==

있다는 것을 이해하지 못하기 때문이에요. 이해하지 못하면 존중하지 못하고, 존중하지 못하면 함부로 상대하기 마련이에요. 슬프고 안타까운 일이에요.

이런 오늘날 지구촌의 환경과 인권 현실을 훗날의 인류는 어떻게 평가할까요? 과거를 되돌아보고, 현재를 둘러보면, 앞으로 지구촌은 점점 더 민주주의 사회로 발전할 거예요. 사회가 발전하면 인류의 생각과 마음도 성장할 거예요. 그래서 미래의 인류는 이전 인류가 망가뜨린 지구 환경과 이전 인류의 몰지각했던 인권 의식에 대해 냉정하게 평가할 거예요. 그러기 전에, 지금의 인류가 '지속 가능한 미래'를 마련해야 해요. 지속 가능한 미래는 '오늘의 인류가 미래 인류의 환경과 발전을 위해 책임 있게 행동하여 지구촌의 지속 가능성을 높이는 것'이에요. 그러니, 빈곤과 기아의 문제를 함께 해결하고, 아직은 살 만한 지구 환경을 미래 인류에게 보전하려면 '개인 – 기업 – 국가 – 세계'가 함께 노력해야 해요. 그러려면

'바꿔야 할 것, 버려야 할 것, 지켜야 할 것'이 있어요. **바꿔야 할 것**은 '환경 오염을 일으키는 에너지와 제품을 친환경 에너지와 제품으로 바꾸는 일이며, 인종·민족·종교·문화에 대한 편견과 차별의 태도를 이해와 존중의 태도로 바꾸는 일'이에요. **버려야 할 것**은 '에너지를 낭비하는 습관, 재생 가능한 쓰레기를 함부로 버리는 습관'이에요. **지켜야 할 것**은 '지구의 환경과 인류의 인권과 인류의 미래'예요. 그것이 '지속 가능한 미래'를 잘 준비하는 일이에요.

• 아래의 두 물음을 읽고
  스스로의 생각을 자유롭게 써 보아요.

1. 이미 친환경 제품인 생분해성 제품들이 생산되고 있지만 널리 사용되지 않아요. 왜 그럴까요? 조사하거나 스스로 생각하여 쓰세요.

2. 지구촌의 빈곤과 기아 문제를 해결하려면 몇몇 국제기구와 비정부 기구의 활동만으로는 부족해요. 즉, 전 세계적인 차원에서 근본적인 해결책이 필요해요. 그 방안은 무엇일까요? 자유롭게 생각하여 쓰세요.

# 찾아보기

12·12 군사 정변  23, 29
3심 제도  54
3·15 부정 선거  21~22, 27~28
4·19 혁명  19, 22~23, 28
5·16 군사 정변  19, 22, 28
5·18 민주화 운동  19, 23~24, 29
6월 민주 항쟁  19, 24, 30
6·29 민주화 선언  25, 30

## ㄱ

가계  57~59, 61~62
갈등  34~36, 40~41, 141~143, 146~147
건조 기후  106, 112, 115, 117
경도  93, 96~97, 101~103
경선  96~97, 100~101
경제 개발 5개년 계획  69, 76
경제 활동  57, 59, 62, 64, 137
고산 기후  108, 113~114
공정  53, 59, 64~65
관용의 태도  42~43

국제 연합(UN)  75, 143, 147~148
국제기구  143, 147~148, 157, 161
국회  41, 45~48, 51~53, 55
근로자  39, 48, 61,
기술  71, 77, 79~80, 84, 88~89, 91, 156
기업  57~59, 61~65, 76~81, 90, 157, 159

## ㄴ

난민  142, 148~149
남극해  94, 100
남북통일  131, 136, 138~139
남아메리카  89, 99~100
남위  101
냉대 기후  107, 113, 117, 122, 127
능력과 적성  59, 63, 65

## ㄷ

다수결의 원칙  33, 36, 41~43
대륙  88, 93~95, 99~100, 125, 137, 149
대서양  94, 100
대양  93~94, 100
대통령 간선제  28

대통령 직선제  22~23, 25, 28~30
독도  133
동경  101
디지털 영상 지도  96, 102

## ㄹ

러시아  95, 100, 115, 119~120, 122, 125~127, 129, 137

## ㅁ

무역  83, 85, 87~91, 128~129

## ㅂ

반도체  71, 78, 88~89
법관  53, 55
법률  40~41, 53, 64, 90
법원  45~48, 51~55
본초 자오선  97, 101, 103
북극해  94, 100
북아메리카  94, 99~100
북위  101, 117
비정부 기구(NGO)  143, 148~149, 158, 161
비판적 태도  35, 42~43
빈곤과 기아  151, 157~159, 161

## ㅅ

사법 기관  51~52
삼권 분립  52
생산지  83, 89
생활 양식  105, 109, 115~116
서경  101
세계 지도  95~96, 100, 102
소비자  59, 62~65
소수의 의견  42
수입  83, 87~90
수출  69~70, 76~78, 83, 87, 89~90
시장  58, 62~63, 77, 87

## ㅇ

아시아  94, 99, 120, 123, 125~127, 129, 137, 149
아프리카  89, 94, 99, 112, 125, 158
양보와 타협의 태도  42
열대 기후  106, 112, 115, 117
오대양  94~95, 100
오세아니아  94, 99
온대 기후  105, 112~113, 117
온실가스  156
원산지  83, 89
위도  93, 96~97, 101~102, 106,

108, 112, 114, 122, 127
위선 96~97, 100~101
유럽 94, 99, 125~127, 129, 137, 145
유신 헌법 28
육대주 94~95, 99
의식주 61, 114
이윤 57, 59, 62, 64
인간의 존엄 35
인권 39, 42, 143, 148, 151, 159~160
인도양 94, 100
일본 119~121, 125~128, 135
입법 기관 51~52

## ㅈ

자연환경 61, 81, 84, 88, 91, 114
자원 84, 88, 91, 142, 146
자유 무역 협정 83, 90~91
자유권 39
자유와 경쟁 64
적도 97, 101, 106, 111~112, 115
정부 22, 25, 27~28, 30, 45~48, 52~55, 64, 76~80, 90, 135
중국 100, 119~121, 125~129, 137

지구 온난화 151, 155~156
지구본 95~96, 102
지구촌 141~143, 145, 147~148, 151, 158~159, 161
지방 자치제 25, 30
지속 가능한 미래 153, 159~160

## ㅌ

태평양 94, 100, 128

## ㅍ

편견과 차별 151, 158, 160
평등권 39~40, 64
평화 통일 131, 133, 136~137

## ㅎ

한대 기후 108, 113
한류 73
한민족 132~133, 135, 137~138
행정 기관 51~52
헌법 22, 25, 27~28, 39, 48, 52~53
환경 오염 151, 153, 156, 160

**로로로 초등 사회 6학년**
동시로 생각하고, 수필로 이해하고, 문제로 논술하는

초판 발행일 2021년 1월 11일
2쇄 발행일 2022년 3월 2일
지은이  윤병무
그린이  이철형
디자인  씨디자인: 조혁준 기경란

펴낸곳  국수
등록번호  제2018-000158호
주소  경기도 고양시 일산동구 진밭로 36-124
전화  (031) 908-9293
팩스  (031) 8056-9294
전자우편  songwriter@kuksu.kr

ⓒ 윤병무, 2021, Printed in Goyangsi, Korea

ISBN 979-11-90499-26-2  74300
ISBN 979-11-90499-12-5 (세트)

- 책값은 뒤표지에 쓰여 있습니다.
- 이 책의 저작권은 저자에게, 판권은 '국수'에 있습니다.
- 이 책 내용의 전부는 물론 일부라도 재사용하려면 반드시 '국수'의 동의를 얻어야 합니다.
- 잘못 만들어진 책은 구입하신 서점에서 교환해드립니다.

이 도서의 국립중앙도서관 출판예정도서목록(CIP)은 서지정보유통지원시스템 홈페이지(http://seoji.nl.go.kr)와 국가자료공동목록시스템(http://www.nl.go.kr/kolisnet)에서 이용하실 수 있습니다. (CIP제어번호: CIP2020054718)

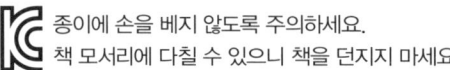
종이에 손을 베지 않도록 주의하세요.
책 모서리에 다칠 수 있으니 책을 던지지 마세요.